|새출제기준|
2025
|경록 ONLY 전문기획 인강교재|

경록 새 양식 조리기능사
실기

염인숙 정문석 이경주 김창현

preface

머리말

조리의 세계에 관심을 가지고 양식 조리사가 되기를 희망하는 여러분을 환영합니다. 인생에 있어 매우 중요한 결정을 하신 여러분에게 양식 조리기능사 자격증을 쉽게 취득할 수 있도록 설명하였습니다.

이 책 한 권이면 양식조리기능사 실기 시험을 완벽하게 준비할 수 있도록, 조리 과정 사진을 첨부하였으며, 조리법을 순서대로 따라 하면 요리가 완성될 수 있도록 쉽게 편집하였습니다.

이 책을 펴내면서 미래의 조리사와 창업을 준비하는 분들에게 새벽 등불이 되고자 합니다. 30년 이상 실무경력과 20년 이상 조리기능사 시험을 감독한 경험을 바탕으로 양식조리기능사 국가 지정 품목 30가지를 NCS 능력 단위별로 분류하고, 품목별로 재료의 준비과정부터 조리과정을 자세한 설명과 사진으로 정리하였습니다. 또한 국가 공개 문제 및 유의 사항을 수록하여 시험에 대비할 수 있도록 만들었으며, 시험에 출제될 수 있는 2가지 품목을 함께 조리할 때 시간을 절약하여 만들 수 있는 조리 순서를 정리하여 2가지 품목을 시간 내에 제출할 수 있도록 하는 조리 방법으로 정리하였습니다.

이 책이 나오기까지 격려와 지도를 해주신 주위 여러분들과 편집과 교정을 위하여 끝까지 물심양면으로 수고해 주신 출판사 관계자 여러분에게 감사한 마음을 전합니다. 감사합니다.

저자 일동

contents

머리말 · 3
출제기준(필기·실기) · 6
수험자 유의사항/위생상태 및 안전관리 세부기준 안내 · 18
위생상태 및 안전관리에 대한 채점기준 안내 · 20
시험장 실기 준비물 · 21

스톡 조리

브라운스톡 · 32

전채 조리

쉬림프카나페 · 36

프렌치프라이드 쉬림프 · 40

참치타르타르 · 44

샌드위치 조리

BLT샌드위치 · 48

햄버거샌드위치 · 52

샐러드 조리

월도프샐러드 · 56

포테이토샐러드 · 60

샐러드 조리

사우전아일랜드 드레싱 · 64

해산물샐러드 · 68

시저샐러드 · 72

조식 조리

스페니쉬오믈렛 · 77

조식 조리

치즈오믈렛 · 81

수프 조리

비프 콘소메 · 85

미네스트로니 수프 · 89

피시차우더 수프 · 94

edukyungrok.com

허브와 스파이스 · 22
양식 재료썰기 정리 · 26
닭 해체하기 · 27
양식 기본조리법 · 28
시험 길잡이 · 29

핵심정리 핸드북(요점정리) · 158
합격비법 모의시험 · 166
양식조리기능사 기출문제 · 176
저자 프로필 · 188

수프 조리

프렌치어니언 수프 · 99

포테이토 크림 수프 · 104

육류 조리

치킨알라킹 · 108

치킨커틀렛 · 112

육류 조리

비프스튜 · 115

살리스버리 스테이크 · 120

서로인 스테이크 · 124

바베큐폭찹 · 128

파스타 조리

스파게티 카르보나라 · 132

토마토소스해산물 스파게티 · 136

소스 조리

이탈리안 미트소스 · 141

홀렌다이즈 소스 · 145

소스 조리

브라운그래비 소스 · 149

타르타르소스 · 153

출제기준(필기)

양식조리기능사

직무 분야	음식서비스	중직무 분야	조리	자격 종목	양식조리기능사	적용 기간	2023.1.1.~2025.12.31.

○ 직무내용 : 양식메뉴 계획에 따라 식재료를 선정, 구매, 검수, 보관 및 저장하며 맛과 영양을 고려하여 안전하고 위생적으로 음식을 조리하고 조리기구와 시설관리를 수행하는 직무이다.

필기검정방법	객관식	문제수	60	시험시간	1시간

필기 과목명	출제 문제수	주요항목	세부항목	세세항목
양식 재료관리, 음식조리 및 위생관리	60	1. 음식 위생관리	1. 개인 위생관리	1. 위생관리기준 2. 식품위생에 관련된 질병
			2. 식품 위생관리	1. 미생물의 종류와 특성 2. 식품과 기생충병 3. 살균 및 소독의 종류와 방법 4. 식품의 위생적 취급기준 5. 식품첨가물과 유해물질
			3. 작업장 위생관리	1. 작업장 위생 위해요소 2. 식품안전관리인증기준 (HACCP) 3. 작업장 교차오염발생요소
			4. 식중독 관리	1. 세균성 및 바이러스성 식중독 2. 자연독 식중독 3. 화학적 식중독 4. 곰팡이 독소
			5. 식품위생 관계 법규	1. 식품위생법령 및 관계법규 2. 농수산물 원산지 표시에 관한 법령 3. 식품 등의 표시·광고에 관한 법령
			6. 공중 보건	1. 공중보건의 개념 2. 환경위생 및 환경오염 관리 3. 역학 및 질병 관리 4. 산업보건관리

필기 과목명	출제 문제수	주요항목	세부항목	세세항목
		2. 음식 안전관리	1. 개인안전 관리	1. 개인 안전사고 예방 및 사후 조치 2. 작업 안전관리
			2. 장비·도구 안전작업	1. 조리장비·도구 안전관리 지침
			3. 작업환경 안전관리	1. 작업장 환경관리 2. 작업장 안전관리 3. 화재예방 및 조치방법 4. 산업안전보건법 및 관련지침
		3. 음식 재료관리	1. 식품재료의 성분	1. 수분 2. 탄수화물 3. 지질 4. 단백질 5. 무기질 6. 비타민 7. 식품의 색 8. 식품의 갈변 9. 식품의 맛과 냄새 10. 식품의 물성 11. 식품의 유독성분
			2. 효소	1. 식품과 효소
			3. 식품과 영양	1. 영양소의 기능 및 영양소 섭취기준
		4. 음식 구매관리	1. 시장조사 및 구매관리	1. 시장 조사 2. 식품구매관리 3. 식품재고관리
			2. 검수 관리	1. 식재료의 품질 확인 및 선별 2. 조리기구 및 설비 특성과 품질 확인 3. 검수를 위한 설비 및 장비 활용 방법
			3. 원가	1. 원가의 의의 및 종류 2. 원가분석 및 계산
		5. 양식 기초 조리실무	1. 조리 준비	1. 조리의 정의 및 기본 조리조작 2. 기본조리법 및 대량 조리기술 3. 기본 칼 기술 습득 4. 조리기구의 종류와 용도 5. 식재료 계량방법 6. 조리장의 시설 및 설비 관리

필기 과목명	출제 문제수	주요항목	세부항목	세세항목
			2. 식품의 조리원리	1. 농산물의 조리 및 가공·저장 2. 축산물의 조리 및 가공·저장 3. 수산물의 조리 및 가공·저장 4. 유지 및 유지 가공품 5. 냉동식품의 조리 6. 조미료와 향신료
			3. 식생활 문화	1. 서양 음식의 문화와 배경 2. 서양 음식의 분류 3. 서양 음식의 특징 및 용어
		6. 양식 스톡조리	1. 스톡조리	1. 스톡재료 준비 2. 스톡 조리 3. 스톡 완성
		7. 양식 전채·샐러드 조리	1. 전채·샐러드조리	1. 전채·샐러드 재료 준비 2. 전채·샐러드 조리 3. 전채·샐러드 요리 완성
		8. 양식 샌드위치 조리	1. 샌드위치조리	1. 샌드위치 재료 준비 2. 샌드위치 조리 3. 샌드위치 완성
		9. 양식 조식조리	1. 조식조리	1. 달걀 요리 조리 2. 조찬용 빵류 조리 3. 시리얼류 조리
		10. 양식 수프조리	1. 수프조리	1. 수프재료 준비 2. 수프조리 3. 수프요리 완성
		11. 양식 육류조리	1. 육류조리	1. 육류재료 준비 2. 육류조리 3. 육류요리 완성
		12. 양식 파스타 조리	1. 파스타 조리	1. 파스타재료 준비 2. 파스타조리 3. 파스타요리 완성
		13. 양식 소스조리	1. 소스조리	1. 소스재료 준비 2. 소스조리 3. 소스완성

양식조리기능사

출제기준(실기)

직무분야	음식서비스	중직무분야	조리	자격종목	양식조리기능사	적용기간	2023.1.1.~2025.12.31.

○ 직무내용 : 양식메뉴 계획에 따라 식재료를 선정, 구매, 검수, 보관 및 저장하며 맛과 영양을 고려하여 안전하고 위생적으로 음식을 조리하고 조리기구와 시설관리를 수행하는 직무이다.
○ 수행준거
1. 음식조리 작업에 필요한 위생관련 지식을 이해하고, 주방의 청결상태와 개인위생·식품위생을 관리하여 전반적인 조리작업을 위생적으로 수행할 수 있다.
2. 주방에서 일어날 수 있는 사고와 재해에 대하여 안전기준 확인, 안전수칙 준수, 안전예방 활동을 할 수 있다.
3. 기본 칼 기술, 주방에서 업무수행에 필요한 조리기본 기능, 기본 조리방법을 습득하고 활용할 수 있다.
4. 육류, 어패류, 채소류 등을 활용하여 양식조리에 사용되는 육수를 조리할 수 있다.
5. 식욕을 돋우기 위한 요리로 육류, 어패류, 채소류 등을 활용하여 곁들여지는 소스 등을 조리할 수 있다.
6. 각종 샌드위치를 조리할 수 있다.
7. 어패류·육류·채소류·유제품류·가공식품류를 활용하여 단순 샐러드와 복합 샐러드, 각종 드레싱류를 조리할 수 있다.
8. 어패류·육류·채소류·유제품류·가공식품류를 활용하여 조식 등에 사용되는 각종 조식요리를 조리할 수 있다.

실기검정방법	작업형	시험시간	70분 정도

실기 과목명	주요항목	세부항목	세세항목
양식 조리 실무	1. 음식 위생관리	1. 개인위생 관리하기	1. 위생관리기준에 따라 조리복, 조리모, 앞치마, 조리안전화 등을 착용할 수 있다. 2. 두발, 손톱, 손 등 신체청결을 유지하고 작업수행 시 위생습관을 준수할 수 있다. 3. 근무 중의 흡연, 음주, 취식 등에 대한 작업장 근무수칙을 준수할 수 있다. 4. 위생관련법규에 따라 질병, 건강검진 등 건강상태를 관리하고 보고할 수 있다.

실기 과목명	주요항목	세부항목	세세항목
		2. 식품위생 관리하기	1. 식품의 유통기한·품질 기준을 확인하여 위생적인 선택을 할 수 있다. 2. 채소·과일의 농약 사용여부와 유해성을 인식하고 세척할 수 있다. 3. 식품의 위생적 취급기준을 준수할 수 있다. 4. 식품의 반입부터 저장 조리과정에서 유독성, 유해 물질의 혼입을 방지할 수 있다.
		3. 주방위생 관리하기	1. 주방 내에서 교차오염 방지를 위해 조리생산 단계별 작업공간을 구분하여 사용할 수 있다. 2. 주방위생에 있어 위해요소를 파악하고, 예방할 수 있다. 3. 주방, 시설 및 도구의 세척, 살균, 해충·해서 방제 작업을 정기적으로 수행할 수 있다. 4. 시설 및 도구의 노후상태나 위생상태를 점검하고 관리할 수 있다. 5. 식품이 조리되어 섭취되는 전 과정의 주방 위생 상태를 점검하고 관리할 수 있다. 6. HACCP적용업장의 경우 HACCP관리기준에 의해 관리할 수 있다.
	2. 음식 안전관리	1. 개인안전 관리하기	1. 안전관리 지침서에 따라 개인 안전관리 점검표를 작성할 수 있다. 2. 개인안전사고 예방을 위해 도구 및 장비의 정리 정돈을 상시할 수 있다. 3. 주방에서 발생하는 개인 안전사고의 유형을 숙지하고 예방을 위한 안전수칙을 지킬 수 있다. 4. 주방 내 필요한 구급품이 적정 수량 비치되었는지 확인하고 개인 안전 보호 장비를 정확하게 착용하여 작업할 수 있다. 5. 개인이 사용하는 칼에 대해 사용안전, 이동안전, 보관안전을 수행할 수 있다. 6. 개인의 화상사고, 낙상사고, 근육팽창과 골절사고, 절단사고, 전기기구에 인한 전기 쇼크 사고, 화재 사고와 같은 사고 예방을 위해 주의사항을 숙지하고 실천할 수 있다. 7. 개인 안전사고 발생 시 신속 정확한 응급조치를 실시하고 재발 방지 조치를 실행할 수 있다.

실기 과목명	주요항목	세부항목	세세항목
		2. 장비·도구 안전작업 하기	1. 조리장비·도구에 대한 종류별 사용방법에 대해 주의사항을 숙지할 수 있다. 2. 조리장비·도구를 사용 전 이상 유무를 점검할 수 있다. 3. 안전 장비 류 취급 시 주의사항을 숙지하고 실천할 수 있다. 4. 조리장비·도구를 사용 후 전원을 차단하고 안전 수칙을 지키며 분해하여 청소할 수 있다. 5. 무리한 조리장비·도구 취급은 금하고 사용 후 일정한 장소에 보관하고 점검할 수 있다. 6. 모든 조리장비·도구는 반드시 목적 이외의 용도로 사용하지 않고 규격품을 사용할 수 있다.
		3. 작업환경 안전관리 하기	1. 작업환경 안전관리 시 작업환경 안전관리 지침서를 작성할 수 있다. 2. 작업환경 안전관리 시 작업장 주변 정리 정돈 등을 관리 점검할 수 있다. 3. 작업환경 안전관리 시 제품을 제조하는 작업장 및 매장의 온·습도관리를 통하여 안전사고요소 등을 제거할 수 있다. 4. 작업장 내의 적정한 수준의 조명과 환기, 이물질, 미끄럼 및 오염을 방지할 수 있다. 5. 작업환경에서 필요한 안전관리시설 및 안전용품을 파악하고 관리할 수 있다. 6. 작업환경에서 화재의 원인이 될 수 있는 곳을 자주 점검하고 화재진압기를 배치하고 사용할 수 있다. 7. 작업환경에서의 유해, 위험, 화학물질을 처리기준에 따라 관리할 수 있다. 8. 법적으로 선임된 안전관리책임자가 정기적으로 안전교육을 실시하고 이에 참여할 수 있다.
	3. 양식 기초 조리 실무	1. 기본 칼 기술 습득하기	1. 칼의 종류와 사용용도를 이해할 수 있다. 2. 기본 썰기 방법을 습득할 수 있다. 3. 조리목적에 맞게 식재료를 썰 수 있다. 4. 칼을 연마하고 관리할 수 있다.

실기 과목명	주요항목	세부항목	세세항목
		2. 기본 기능 습득하기	1. 조리기기의 종류 및 용도에 대하여 이해하고 설명할 수 있다. 2. 조리에 필요한 조리도구를 사용하고 종류별 특성에 맞게 적용 할 수 있다. 3. 계량법을 이해하고 활용할 수 있다. 4. 채소에 대하여 전처리 방법으로 처리할 수 있다. 5. 어패류에 대하여 전처리 방법으로 처리할 수 있다. 6. 육류에 대하여 전처리 방법으로 처리할 수 있다. 7. 양식조리의 요리별 스톡 및 소스를 용도에 맞게 만들 수 있다. 8. 양식 조리작업에 사용한 조리도구와 주방을 정리 정돈할 수 있다.
		3. 기본 조리법 습득하기	1. 서양요리의 기본 조리방법과 조리과학을 이해할 수 있다. 2. 식재료에 맞는 건열조리를 할 수 있다. 3. 식재료에 맞는 습열조리를 할 수 있다. 4. 식재료에 맞는 복합가열조리를 할 수 있다. 5. 식재료에 맞는 비가열조리를 할 수 있다.
	4. 양식 스톡조리	1. 스톡재료 준비하기	1. 조리에 필요한 부케가니(Bouquet Garni)를 준비할 수 있다. 2. 스톡의 종류에 따라 미르포아(Mirepoix)를 준비할 수 있다. 3. 육류, 어패류의 뼈를 찬물에 담가 핏물을 제거할 수 있다. 4. 브라운스톡은 조리에 필요한 뼈와 부속물을 오븐에 구워서 준비할 수 있다.
		2. 스톡 조리하기	1. 찬물에 재료를 넣고 서서히 끓일 수 있다. 2. 끓이는 과정에서 불순물이나 기름이 위로 떠오르면 걷어낼 수 있다. 3. 적절한 시간에 미르포아와 향신료를 첨가할 수 있다. 4. 지정된 맛, 향, 농도, 색이 될 때까지 조리할 수 있다.

실기 과목명	주요항목	세부항목	세세항목
		3. 스톡 완성하기	1. 조리된 스톡을 불순물이 섞이지 않게 걸러낼 수 있다. 2. 마무리된 스톡의 색, 맛, 투명감, 풍미, 온도를 통해 스톡의 품질을 평가할 수 있다. 3. 스톡을 사용용도에 맞추어 풍미와 질감을 갖도록 완성할 수 있다.
	5. 양식 전채·샐러드 조리	1. 전채·샐러드재료 준비하기	1. 전채·샐러드를 조리하기 위해 적합한 콘디멘트(Condiments)를 준비할 수 있다. 2. 전채·샐러드메뉴 구성을 고려한 재료를 준비할 수 있다. 3. 재료를 용도와 특성에 맞게 전처리할 수 있다. 4. 전채·샐러드 조리에 필요한 드레싱과 소스를 준비할 수 있다. 5. 메뉴에 맞는 전채·샐러드 조리에 필요한 조리법을 숙지할 수 있다. 6. 전채·샐러드 조리에 필요한 조리도구(Kitchen Utensil)를 준비할 수 있다.
		2. 전채·샐러드 조리하기	1. 메뉴에 맞는 주재료를 사용하여 전채·샐러드를 조리할 수 있다. 2. 식초, 기름, 유화식품 등을 사용하여 안정된 상태의 드레싱을 만들 수 있다. 3. 육류, 어패류, 채소류, 곡류는 각 재료의 특성에 맞게 조리할 수 있다. 4. 채소류, 허브, 향신료, 콘디멘트(Condimen)를 적절하게 사용할 수 있다. 5. 필요한 경우 드레싱에 버무리기 전 시즈닝할 수 있다.
		3. 전채·샐러드 요리 완성하기	1. 요리에 알맞은 온도로 접시를 준비할 수 있다. 2. 색과 모양 그리고 여백을 살려 접시에 담을 수 있다. 3. 허브와 향신료, 콘디멘트(Condiment)를 적절하게 선택하여 첨가할 수 있다. 4. 드레싱이나 소스를 얹거나 버무릴 수 있다. 5. 필요한 접시, 도구, 핑거볼 등을 제공할 수 있다. 6. 마무리된 음식의 색, 맛, 풍미, 온도를 통해 음식의 품질을 평가할 수 있다.

실기 과목명	주요항목	세부항목	세세항목
	6. 양식 샌드위치 조리	1. 샌드위치 재료 준비하기	1. 샌드위치의 종류에 따른 조직과 조각 모양을 갖는 빵을 준비할 수 있다 2. 샌드위치의 종류에 따라 수프레드 재료를 준비할 수 있다. 3. 속재료는 샌드위치 특성에 따라 준비할 수 있다. 4. 속재료와 어울릴 수 있는 가니쉬 재료를 준비할 수 있다.
		2. 샌드위치 조리하기	1. 일의 흐름이 순차적으로 되도록 모든 재료를 만들기 편한 위치에 놓을 수 있다. 2. 샌드위치 종류에 따라 주재료와 어울리는 부재료, 콘디멘트, 사이드디시를 선택하고 만들 수 있다. 3. 더운 샌드위치에 어울리는 수프레드를 구분하여 사용할 수 있다. 4. 찬 샌드위치에 어울리는 수프레드를 구분하여 사용할 수 있다. 5. 수프레드를 바른 빵에 주재료와 부재료를 선택하여 만들 수 있다.
		3. 샌드위치 완성하기	1. 샌드위치에 알맞은 온도의 접시를 준비할 수 있다. 2. 샌드위치를 다양한 모양으로 썰 수 있다. 3. 색과 모양 그리고 여백을 살려 접시에 담을 수 있다. 4. 샌드위치에 적합한 콘디멘트(Condiments)를 제공할 수 있다. 5. 완성된 샌드위치의 맛, 온도, 크기, 색과 모양을 통해 음식의 품질을 평가할 수 있다.
	7. 양식 조식조리	1. 달걀요리 조리하기	1. 달걀 요리에 맞는 재료를 준비할 수 있다. 2. 달걀 조리에 필요한 주방 도구(Kitchen Utensil)를 준비할 수 있다. 3. 달걀과 부재료를 사용하여 달걀 요리 종류에 맞게 조리할 수 있다. 4. 메뉴의 조리법에 따라 알맞은 부재료를 사용하여 완성할 수 있다. 5. 마무리된 음식의 색깔과 맛, 풍미, 온도를 통해 음식의 품질을 평가할 수 있다.

실기 과목명	주요항목	세부항목	세세항목
		2. 조식용 빵 조리하기	1. 조식용 빵 조리에 맞는 재료를 준비할 수 있다. 2. 조식용 빵 조리에 필요한 주방 도구(Kitchen Utensil)를 준비할 수 있다. 3. 조식용 빵재료와 부재료를 사용하여 조식용 빵 종류에 맞게 조리할 수 있다. 4. 메뉴의 조리법에 따라 알맞은 부재료를 사용하여 완성할 수 있다. 5. 마무리된 음식의 색깔과 맛, 풍미, 온도를 통해 음식의 품질을 평가할 수 있다.
		3. 시리얼 조리하기	1. 시리얼 요리에 맞는 재료를 준비할 수 있다. 2. 시리얼 조리에 필요한 주방 도구(Kitchen Utensil)를 준비할 수 있다. 3. 시리얼와 부재료를 사용하여 시리얼류 요리 종류에 맞게 조리할 수 있다. 4. 메뉴의 조리법에 따라 알맞은 부재료를 사용하여 완성할 수 있다. 5. 마무리된 음식의 색깔과 맛, 풍미, 온도를 통해 음식의 품질을 평가할 수 있다.
	8. 양식 수프조리	1. 수프재료 준비하기	1. 육류, 어패류, 채소류, 곡류에서 수프용도에 알맞은 재료를 선별하여 준비할 수 있다. 2. 조리에 필요한 부케가니(Bouquet Garni)를 준비할 수 있다. 3. 미르포아(Mirepoix)를 준비할 수 있다. 4. 수프에 적합한 농후제를 준비할 수 있다. 5. 수프에 필요한 스톡을 준비할 수 있다. 6. 수프 조리에 필요한 조리도구(Kitchen Utensil)를 준비할 수 있다.
		2. 수프 조리하기	1. 수프의 종류에 따라 내용물과 스톡의 비율을 조정할 수 있다. 2. 수프의 종류에 따라 주요 향미를 가진 재료를 순서에 따라 볶아낼 수 있다. 3. 스톡을 넣고 끓이며, 위에 뜨는 불순물을 제거할 수 있다. 4. 원하는 수프의 향, 색, 농도가 충분히 우러나도록 끓일 수 있다. 5. 수프의 종류에 따라 갈아주거나 걸러줄 수 있다.

실기 과목명	주요항목	세부항목	세세항목
		3. 수프요리 완성하기	1. 수프의 종류에 따라 크루톤(Crouton), 휘핑크림(Whipping Cream), 퀜넬(Quennel)과 같은 가니쉬(Garnishi)를 제공할 수 있다. 2. 마무리된 수프의 색깔과 맛, 투명도, 풍미, 온도를 통해 수프의 품질을 평가할 수 있다.
	9. 양식 육류조리	1. 육류재료 준비하기	1. 조리법과 재료의 질감(Texture) 정도, 향미를 고려하여 육류, 가금류의 종류와 메뉴에 맞는 부위를 선택할 수 있다. 2. 메뉴의 종류에 따라 육류, 가금류의 종류와 조리 부위를 선택할 수 있다. 3. 용도에 맞게 재료를 발골, 절단하여 손질할 수 있다. 4. 요리에 알맞은 부재료와 소스를 준비할 수 있다. 5. 로스팅(Roasting) 할 재료는 끈을 사용하여 감쌀 수 있도록 묶을 수 있다. 6. 필요에 따라 마리네이드(Marinade)를 위해 향신료와 채소를 채워넣는 방법을 사용할 수 있다. 7. 육류조리에 필요한 주방도구(Kitchen Utensil)를 준비할 수 있다.
		2. 육류 조리하기	1. 육류, 가금류 요리 시 재료에 적합한 조리법과 조리 도구를 결정하여 조리할 수 있다. 2. 재료가 눌러 붙거나 부서지지 않도록 조리할 수 있다. 3. 육류, 가금류 요리에 알맞은 가니쉬(Garnish)와 소스를 조리할 수 있다. 4. 화력과 시간을 조절하여 원하는 익힘 정도로 조리할 수 있다. 5. 향신료를 사용하여 향과 맛을 조절할 수 있다.
		3. 육류요리 완성하기	1. 맛과 풍미가 좋은 육류, 가금류 요리를 제공할 수 있다. 2. 주재료에 어울리는 가니쉬(Garnish)를 제공할 수 있다. 3. 마무리된 음식의 색깔과 맛, 풍미, 온도를 통해 음식의 품질을 평가할 수 있다.
	10. 양식 파스타 조리	1. 파스타재료 준비하기	1. 파스타 재료를 계량하여 손으로 반죽할 수 있다. 2. 원하는 모양으로 만든 면발이 서로 엉겨 붙지 않도록 처리할 수 있다. 3. 파스타에 필요한 부재료, 소스 재료를 준비할 수 있다. 4. 파스타 조리에 필요한 주방 도구(Kitchen Utensil)를 준비할 수 있다.

실기 과목명	주요항목	세부항목	세세항목
		2. 파스타 조리하기	1. 면의 종류에 따라 끓는 물에 삶아 낼 수 있다. 2. 속을 채운 파스타의 경우, 터지지 않게 삶을 수 있다. 3. 삶아 익힌 면은 물기를 제거한 후 달라붙지 않게 조리할 수 있다. 4. 파스타의 종류에 따라 부재료와 소스를 선택하여 조리할 수 있다.
		3. 파스타요리 완성하기	1. 1인분의 양을 조절하여 제공할 수 있다. 2. 주재료에 어울리는 가니쉬(Garnish)를 제공할 수 있다. 3. 파스타 종류에 알맞은 그릇에 담아 제공 할 수 있다. 4. 마무리된 음식의 색깔과 맛, 풍미, 온도를 통해 음식의 품질을 평가할 수 있다.
	11. 양식 소스조리	1. 소스재료 준비하기	1. 조리에 필요한 부케가니(Bouquet Garni)를 준비할 수 있다. 2. 미르포아(Mirepoix)를 준비할 수 있다. 3. 루(Roux)를 사용용도에 맞게 볶는 정도를 조절하여 조리할 수 있다. 4. 소스에 필요한 스톡을 준비할 수 있다. 5. 소스 조리에 필요한 주방도구(Kitchen Utensil)를 준비할 수 있다.
		2. 소스 조리하기	1. 미르포아(Mirepoix)를 볶은 다음 찬 스톡을 넣고 서서히 끓일 수 있다. 2. 소스의 용도에 맞게 농후제를 사용할 수 있다. 3. 소스를 끓이는 과정에서 불순물이나 기름이 위로 떠오르면 걷어낼 수 있다. 4. 적절한 시간에 향신료를 첨가할 수 있다. 5. 원하는 소스의 지정된 맛, 향, 농도, 색이 될 때까지 조리할 수 있다. 6. 소스를 걸러내어 정제할 수 있다.
		3. 소스 완성하기	1. 소스의 품질이 떨어지지 않도록 적정 온도를 유지할 수 있다. 2. 소스에 표막이 생성되는 것을 막기 위하여 버터나 정제된 버터로 표면을 덮어 마무리할 수 있다. 3. 마무리 된 소스의 색과 맛, 투명도, 풍미, 온도를 통해 소스의 품질을 평가할 수 있다. 4. 요구되는 양에 맞추어 소스를 제공할 수 있다.

수험자 유의사항

1. 만드는 순서에 유의하며, 위생과 숙련된 기능평가를 위하여 조리작업 시 맛을 보지 않습니다.
2. 지정된 수험자지참준비물 이외의 조리기구나 재료를 시험장내에 지참할 수 없습니다.
3. 지급재료는 시험 전 확인하여 이상이 있을 경우 시험위원으로부터 조치를 받고 시험 중에는 재료의 교환 및 추가지급은 하지 않습니다.
4. 요구사항 및 지급재료의 규격은 "정도"의 의미를 포함하며, 재료의 크기에 따라 가감하여 채점됩니다.
5. 위생복, 위생모, 앞치마, 마스크를 착용하여야 하며, 시험장비·조리기구 취급 등 안전에 유의합니다.
6. 다음 사항은 실격에 해당하여 채점대상에서 제외됩니다.
    - 가. 수험자 본인이 시험 도중 시험에 대한 포기 의사를 표현하는 경우
    - 나. 위생복, 위생모, 앞치마, 마스크를 착용하지 않은 경우
    - 다. 시험시간 내에 과제 두 가지를 제출하지 못한 경우
    - 라. 문제의 요구사항대로 과제의 수량이 만들어지지 않은 경우
    - 마. 완성품을 요구사항의 과제(요리)가 아닌 다른 요리(예, 달걀말이→달걀찜)로 만든 경우
    - 바. 불을 사용하여 만든 조리작품이 작품특성에 벗어나는 정도로 타거나 익지 않은 경우
    - 사. 해당과제의 지급재료 이외 재료를 사용하거나, 요구사항의 조리기구(석쇠 등)로 완성품을 조리하지 않은 경우
    - 아. 지정된 수험자지참준비물 이외의 조리기술에 영향을 줄 수 있는 기구를 사용한 경우
    - 자. 가스레인지 화루 2개 이상(2개 포함) 사용한 경우
    - 차. 시험 중 시설·장비(칼, 가스레인지 등) 사용 시 시험위원 및 타수험자의 시험 진행에 위해를 일으킬 것으로 시험위원 전원이 합의하여 판단한 경우
    - 카. 요구사항에 표시된 실격 및 부정행위에 해당하는 경우
7. 항목별 배점은 위생상태 및 안전관리 5점, 조리기술 30점, 작품의 평가 15점입니다.
8. 시험시작 전 가벼운 몸 풀기(스트레칭) 동작으로 긴장을 풀고 시험을 시작합니다.

위생상태 및 안전관리 세부기준 안내

순번	구분	세부기준
1	위생복 상의	• 전체 흰색, 손목까지 오는 긴소매 – 조리과정에서 발생 가능한 안전사고(화상 등) 예방 및 식품위생(체모 유입방지, 오염도 확인 등) 관리를 위한 기준 적용 – 조리과정에서 편의를 위해 소매를 접어 작업하는 것은 허용 – 부직포, 비닐 등 화재에 취약한 재질이 아닐 것, 팔토시는 긴팔로 불인정 • 상의 여밈은 위생복에 부착된 것이어야 하며 벨크로(일명 찍찍이), 단추 등의 크기, 색상, 모양, 재질은 제한하지 않음(단, 핀 등 별도 부착한 금속성은 제외)
2	위생복 하의	• 색상·재질무관, 안전과 작업에 방해가 되지 않는 발목까지 오는 긴바지 – 조리기구 낙하, 화상 등 안전사고 예방을 위한 기준 적용
3	위생모	• 전체 흰색, 빈틈이 없고 바느질 마감처리가 되어 있는 일반 조리장에서 통용되는 위생모 (모자의 크기, 길이, 모양, 재질(면·부직포 등)은 무관)
4	앞치마	• 전체 흰색, 무릎아래까지 덮이는 길이 – 상하일체형(목끈형) 가능, 부직포·비닐 등 화재에 취약한 재질이 아닐 것
5	마스크	• 침액을 통한 위생상의 위해 방지용으로 종류는 제한하지 않음 (단, 감염병 예방법에 따라 마스크 착용 의무화 기간에는 '투명 위생 플라스틱 입가리개'는 마스크 착용으로 인정하지 않음)
6	위생화 (작업화)	• 색상 무관, 굽이 높지 않고 발가락·발등·발뒤꿈치가 덮여 안전사고를 예방할 수 있는 깨끗한 운동화 형태
7	장신구	• 일체의 개인용 장신구 착용 금지 (단, 위생모 고정을 위한 머리핀 허용)
8	두발	• 단정하고 청결할 것, 머리카락이 길 경우 흘러내리지 않도록 머리망을 착용하거나 묶을 것
9	손 / 손톱	• 손에 상처가 없어야 하나, 상처가 있을 경우 보이지 않도록 할 것 (시험위원 확인 하에 추가 조치 가능) • 손톱은 길지 않고 청결하며 매니큐어, 인조손톱 등을 부착하지 않을 것
10	폐식용유 처리	• 사용한 폐식용유는 시험위원이 지시하는 적재장소에 처리할 것
11	교차오염	• 교차오염 방지를 위한 칼, 도마 등 조리기구 구분 사용은 세척으로 대신하여 예방할 것 • 조리기구에 이물질(예, 테이프)을 부착하지 않을 것
12	위생관리	• 재료, 조리기구 등 조리에 사용되는 모든 것은 위생적으로 처리하여야 하며, 조리용으로 적합한 것일 것
13	안전사고 발생 처리	• 칼 사용(손 빔) 등으로 안전사고 발생 시 응급조치를 하여야 하며, 응급조치에도 지혈이 되지 않을 경우 시험진행 불가
14	눈금표시 조리도구	• 눈금표시된 조리기구 사용 허용(실격 처리되지 않음. 2022년부터 적용) (단, 눈금표시에 재어가며 재료를 쓰는 조리작업은 조리기술 및 숙련도 평가에 반영)
15	부정 방지	• 위생복, 조리기구 등 시험장 내 모든 개인물품에는 수험자의 소속 및 성명 등의 표식이 없을 것 (위생복의 개인 표식 제거는 테이프로 부착 가능)
16	테이프 사용	• 위생복 상의, 앞치마, 위생모의 소속 및 성명을 가리는 용도로만 허용

※ 위 내용은 식품안전관리인증기준(HACCP) 평가(심사) 매뉴얼, 위생등급 가이드라인 평가기준 및 시행상의 운영사항을 참고하여 작성된 기준입니다.

양식조리기능사

위생상태 및 안전관리에 대한 채점기준 안내

위생 및 안전 상태	채점기준
1. 위생복(상/하의), 위생모, 앞치마, 마스크 중 한 가지라도 미착용한 경우 2. 평상복(흰티셔츠, 와이셔츠), 패션모자(흰털모자, 비니, 야구모자) 등 기준을 벗어난 위생복장을 착용한 경우	실격 (채점대상 제외)
3. 위생복(상/하의), 위생모, 앞치마, 마스크를 착용하였더라도 • 무늬가 있거나 유색의 위생복 상의·위생모·앞치마를 착용한 경우 • 흰색의 위생복 상의·앞치마를 착용하였더라도 부직포, 비닐 등 화재에 취약한 재질의 복장을 착용한 경우 • 팔꿈치가 덮이지 않는 짧은 팔의 위생복을 착용한 경우 • 위생복 하의의 색상, 재질은 무관하나 짧은 바지, 통이 넓은 힙합스타일 바지, 타이츠, 치마 등 안전과 작업에 방해가 되는 복장을 착용한 경우 • 위생모가 뚫려있어 머리카락이 보이거나, 수건 등으로 감싸 바느질 마감 처리가 되어 있지 않고 풀어지기 쉬워 일반 조리장용으로 부적합한 경우 4. 이물질(예, 테이프) 부착 등 식품위생에 위배되는 조리기구를 사용한 경우	'위생상태 및 안전관리' 점수 전체 0점
5. 위생복(상/하의), 위생모, 앞치마, 마스크를 착용하였더라도 • 위생복 상의가 팔꿈치를 덮기는 하나 손목까지 오는 긴소매가 아닌 위생복(팔토시 착용은 긴소매로 불인정), 실험복 형태의 긴가운, 핀 등 금속을 별도 부착한 위생복을 착용하여 세부기준을 준수하지 않았을 경우 • 테두리선, 칼라, 위생모 짧은 창 등 일부 유색의 위생복 상의·위생모·앞치마를 착용한 경우 (테이프 부착 불인정) • 위생복 하의가 발목까지 오지 않는 8부바지 • 위생복(상/하의), 위생모, 앞치마, 마스크에 수험자의 소속 및 성명을 테이프 등으로 가리지 않았을 경우 6. 위생화(작업화), 장신구, 두발, 손/손톱, 폐식용유 처리, 안전사고 발생 처리 등 '위생상태 및 안전관리 세부기준'을 준수하지 않았을 경우 7. '위생상태 및 안전관리 세부기준' 이외에 위생과 안전을 저해하는 기타사항이 있을 경우	'위생상태 및 안전관리' 점수 일부 감점

※ 위 기준에 표시되어 있지 않으나 일반적인 개인위생, 식품위생, 주방위생, 안전관리를 준수하지 않았을 경우 감점처리 될 수 있습니다.
※ 수도자의 경우 제복 + 위생복 상의/하의, 위생모, 앞치마, 마스크 착용 허용

양식조리기능사

시험장 실기 준비물

준비물		규격	단위	수량	비고
위생복		상의 – 백색 하의 – 긴바지(색상 무관)	벌	1	위생복장을 제대로 갖추지 않을 경우는 실격처리됩니다.
위생모 또는 머리수건		백색	EA	1	
앞치마		백색(남, 녀 공용)	EA	1	
마스크			EA	1	
강판		조리용	EA	1	
거품기(whipper)		중	EA	1	자동 및 반자동 제외
계량스푼		사이즈별	SET	1	
계량컵		200ml	EA	1	
고무주걱		소	EA	1	
나무젓가락		40~50cm 정도	SET	1	
나무주걱		소	EA	1	
냄비		조리용	EA	1	시험장에도 준비되어 있음
도마		흰색 또는 나무도마	EA	1	시험장에도 준비되어 있음
랩, 호일		조리용	EA	1	
볼(bowl)		크기 제한 없음	EA	1	시험장에도 준비되어 있음
소창 또는 면보		30×30cm 정도	장	1	
쇠조리 (혹은 체)		조리용	EA	1	시험장에도 준비되어 있음
위생타올		면	매	1	
위생팩		비닐팩	EA	1	
상비의약품		손가락골무, 밴드 등	EA	1	시험장에도 준비되어 있음
이쑤시개		–	EA	1	
종이컵		–	EA	1	
채칼(box grater)		중	EA	1	시저샐러드용으로만 사용
칼		조리용 칼, 칼집 포함	EA	1	
키친타올(종이)		주방용(소 18×20cm)	장	1	
테이블스푼		–	EA	2	숟가락으로 대체 가능
프라이팬	중형	–	EA	1	시험장에도 준비되어 있음
	소형	지름 18~20cm	EA	1	

허브와 스파이스(herb&spice)

구분	종류			
후레쉬	파슬리	처빌	바질	딜
	차이브	애플민트	타임	로즈마리
통조림	그린올리브	케이퍼		
마른 것	월계수잎	정향	오레가노	로즈마리
	통후추	바질	통계피	강황가루

허브와 스파이스 (herb&spice)

향신료는 육류의 누린 내와 생선의 비린내를 제거하며 음식의 맛과 향을 북 돋고 색깔을 내어 식욕을 증진 시키고 소화를 촉진하며 여러 가지 약용 성분이 있어 몸을 이롭게 하지만 많은 양을 사용하면 재료 고유의 맛을 잃어버리게 하며 부작용이 생길 수 있다.
향신료는 크게 허브와 스파이스로 분리한다.

허브(herb)는 식물의 잎, 줄기 부분, 꽃, 봉우리로 부드럽고,
스파이스는 씨, 열매, 껍질, 뿌리 부분으로 단단하다.
옛날부터 약이나 향료로 써온 식물로 바질, 라벤더, 월계수잎 등 100여 종이 넘는 향신료를 사용하였다.

1. 허브의 종류

바질(basil)
원산지는 열대 아시아이며 이탈리아, 프랑스에서 많이 사용하고 토마토 요리에 반드시 들어갈 정도로 토마토와 잘 어울리는 허브 향신료이다. 스튜, 수프, 각종 소스에 이용되는 이탈리아, 프랑스 향료의 대표 격이다.

딜(dill)
원산지는 지중해 연안과 인도이며 식물 전체에 독특한 향기가 나서 잎, 줄기, 꽃, 종자를 허브로 사용한다. 생선요리의 비린내를 제거에 좋으며 생선이나 조개, 해산물, 가금류 요리에 많이 활용한다. 오이피클의 맛을 내는 데도 사용된다. 뜨거운 음식에 넣을 때는 음식을 내기 직전에 넣어야 향이 오래간다.

애플민트(apple mint)
원산지는 남유럽과 지중해 연안이며 싱싱한 사과 맛과 박하 향이 섞인 듯한 순한 향기를 내는 식물이다.
면역력, 위장 건강 강화. 신경 안정에 좋으며 육류, 생선, 달걀 요리에 냄새 제거에 많이 쓰인다.

타임(thyme)
원산지는 지중해 연안으로 꿀풀과 여러해살이 식물이다.
소화를 돕고 면역체계를 보조하고 통 증을 완화한다.
유럽에서는 없어서는 안 될 대표적 허브로 짜릿한 자극이 있어 요리의 풍미와 깊은 맛을 준다.
맛이 강하여 소량을 사용하며 고기, 생선, 어패류, 가금류의 나쁜 냄새를 제거하는 조미료로 이용한다.

처빌(chervil)
원산지는 서아시아, 러시아 남부이며 혈압강하, 이뇨 작용, 거담작용, 소화 촉진에 좋다.
처빌은 향이 진하여 조금 사용하며 가금류, 해물, 생선, 샐러드, 수프, 달걀, 고기 요리에 많이 사용한다.

로즈마리(rosemary)
원산지는 지중해 연안으로 라벤더와 같이 향수나 약제로 사용되었다.
로즈마리는 항균 작용, 피부 노화 방지, 신경 안정, 기억력 개선에 도움이 된다.
박하과에 속하며, 솔잎 모양으로 감미롭고 향기로운 맛을 내며 열을 가하면 풍미가 살아난다. 양고기, 닭, 돼지고기, 소고기, 수프, 스튜에 사용한다.

차이브(chives)
원산지는 시베리아와 유럽이며 가늘고 길어서 실파와 비슷하다.
독특한 풍미와 향이 있으며 식욕 증진, 혈압 강하, 빈혈 예방, 신장 강장작용에 좋으며 방부제 역할을 한다.
육류, 생선, 어패류, 수프 등 각종 요리의 향신료로 사용한다.

파슬리(parsley)
원산지는 지중해 연안이며 두해살이 풀로 전 세계 어디 서나 많이 이용되는 허브로 비타민 A, C, 칼슘, 철분이 많으며 향기가 좋아 가루로 만들어 각종 요리에 사용하며 모양이 예뻐 장식용으로 사용되기도 한다.

2. 스파이스의 종류

월계수잎(bay leaf)
원산지는 남유럽으로 생잎 일 때는 쓴맛과 떫은맛이 있지만 건조하여 사용하며 달콤하고 독특한 향이 식욕을 증진시키며 풍미와 방부력이 있고 강력한 이뇨 작용 있어 체내에 쌓인 노폐물과 독소를 체외로 배출시킨다.
육류 소스, 생선 소스, 스튜, 수프, 피클 등에 사용하며 서양요리에 없어서는 안 될 중요한 향료이다.

정향(丁香 clove)
원산지는 인도네시아, 서인도이며 향신료로 쓰이는 부분은 꽃봉오리를 말린 것으로 못과 비슷하고 향이 있어 정향(丁香)이라는 이름을 붙였다. 영어 이름은 클로브(clove) 못이란 뜻을 가지고 있다. 정향은 미네랄이 풍부하여 뼈를 튼튼하게 하고 골다공증 예방에 좋으며 유제놀 성분이 풍부하여 근육통, 치통과 같은 통증을 개선해주는 효능이 있다.
양념 중에서 가장 얼얼한 맛을 내며 향이 강하다. 돼지고기, 수프, 스튜, 피클 등 다양한 요리에 이용한다.

오레가노(oregano)
원산지는 남유럽과 서아시아이며 박하과 식물로 잎사귀를 그대로 또는 말려서 가루로 사용한다. 방부제, 진정, 강장효과 있고 피자, 토마토 요리, 멕시코, 이탈이아 요리, 육류, 닭고기 요리에 이용된다.

후추(pepper)
원산지는 인도이며 전 세계에서 가장 많이 쓰이는 향신료이다.
통후추와 가루 후추로 나뉘며 가루 후추는 검은색, 흰색이 있다.
흰 후추는 열매가 붉게 잘 익은 것을 껍질을 벗겨서 말려서 사용한다.

검은 후추 잘 익은 후추를 말린 것으로 껍질에 매운맛을 내는 피페린 성분이 있어 매운맛이 흰 후추보다 강하다.
검은 후추는 다양한 요리에 이용하고 흰 후추는 생선요리, 닭 요리 등 깨끗한 요리의 색을 유지하는 데 이용된다.

마른 바질(dry basil)
잎이나 줄기를 말려서 가금류, 육류, 토마토소스 등 향신료로 사용한다.

샤프란(saffron)
원산지는 서남아시아로 창포, 붓꽃과의 일종으로 암술을 말려서 사용하며 강한 노란색으로 세계에서 가장 비싼 향신료로 알려져 있다.
독특한 향과 쓴맛, 단맛을 낸다. 소스, 수프, 쌀 요리, 파스타, 어류. 조개 수프 등에 이용하며 스페인의 빠에야(쌀 요리)와 프랑스의 부디야베스(해물 수프) 등에 이용한다.

시나몬(cinnamon)
원산지는 스리랑카, 인도 남부이며 오늘날 열대 모든 지역에서 재배한다.
시나몬은 녹나무의 나무껍질을 벗겨 쪄서 하루 동안 식힌 후 바깥쪽 껍질을 제거하여 안쪽 껍질만 건조한 향신료로 통시나몬과 시나몬가루로 사용한다.
항균 작용과 방부제로 이용하며 소고기, 돼지고기. 닭고기와 디저트 요리에 많이 사용한다.
시나몬과 계피는 조금 다르며 시나몬은 은은한 단맛을 낸다.

강황(turmeric)
원산지는 남아시아이며 말려서 가루로 많이 이용한다.
강력한 항염증. 항산화 특성을 가진 커큐민이 많이 함유되어 있으며 각종 암에 좋으며 혈관 내에 존재하는 나쁜 콜레스테롤이 피를 뭉치게 하는 어혈을 방지하는 데 도움이 된다.
강황은 카레에 대표적인 향신료이며 육류나 생선의 냄새 제거에 이용하는 향신료이다.

스타 아니스(달각향 star anise)
원산지는 지중해 연안이며 아니스 열매의 씨로 팔각 별 모양으로 되어 있다.
감초 맛이 나며 식이섬유, 비타민, 무기질이 풍부하며 소화 개선, 면역력 증진, 변비 개선, 기관지 예방에 좋은 향신료로 육류의 냄새 제거와 쿠키, 캔디, 피클, 케이크 만들 때 사용한다.

올스파이스(allspice)
원산지는 중남미이며 올스파이스 나무의 열매가 성숙하기 전에 건조한 향신료이다. 정향, 넛맥, 계핏가루 합친 맛과 같으며 모양은 검은 후추와 비슷하나 매운맛은 없다. 피클, 육류, 닭요리, 생선요리, 그레이비, 푸딩, 케이크, 쿠키, 칵테일 등에 열매 또는 가루로 만들어 사용한다.

양식재료썰기 정리

번호	종 류	내 용
1	찹핑(Chopping)	채소를 곱게 다지기
2	미디엄 줄리엔느(Medium Julienne)	6cm×0.3cm×0.3cm 채썰기
3	파인줄리엔느(Fine Julienne)	0.15cm×0.15×5cm 가는 채썰기
4	라지 줄리엔느(Large Julienne)	6cm×0.6cm×0.6 막대형 썰기
5	스몰 다이스(Small Dice)	0.6cm×0.6cm×0.6cm 크기의 주사위 모양 썰기
6	파인 브뤼누아즈(Fine Brunoise)	0.15cm×0.15cm×0.15 주사위 모양 썰기
7	브뤼누아즈(Brunoise)	0.3cm×0.3×0.3cm 주사위 모양 썰기
8	미디엄 다이스(Medium Dice)	1.2cm×1.2cm×1.2cm 크기의 주사위 모양 썰기
9	라지 다이스(Large Dice)	2cm×2cm×2cm 크기의 주사위 모양 썰기
10	페이잔느(Paysanne)	1.2cm×1.2cm×0.3 크기의 직육면체로 납작하게 썰기
11	에멩세(Emincer)	채소를 얇게 저미는 것(슬라이스)
12	비시(Vichy)	0.7cm두께로 가장자리를 둥글게 다듬어 내는 것
13	샤토(Chateau)	양쪽 끝이 가늘고 가운데가 굵게 5cm 정도의 모양으로 썰기
14	올리베트(Olivette)	올리브 모양으로 중간 부분이 둥글게 썰기
15	토마토 콩까세(concasse)	토마토 껍질을 벗겨 0.5cm×0.5cm×0.5cm 크기의 주사위 모양 썰기
16	빠리지엔느(parisienne)	둥근 구슬 모양 – 스쿠프(scoop)를 이용

양식조리기능사

닭 해체하기

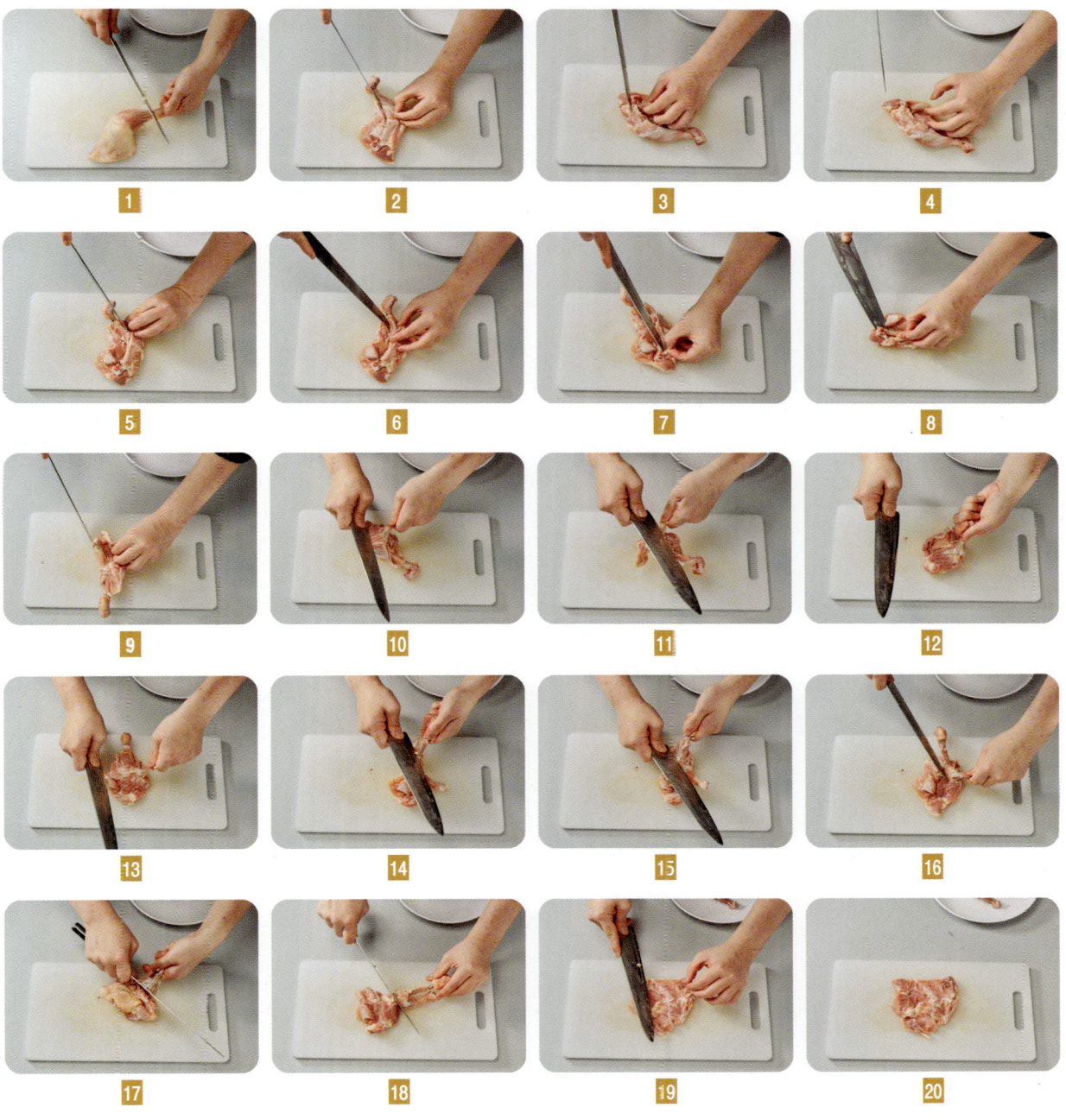

닭 해체하기 27

양식 기본 조리법

조리법	내 용
보일링(boiling)	100℃ 끓는 물에 넣고 완전히 익히는 조리법
데치기(Blanching)	끓는 물에 살짝 데쳐서 찬물에 헹구는 조리법
구이(Broiling)	석쇠 위에 음식 재료를 놓고 직화로 굽는 방법 또는 그릴 팬 속에 석쇠 모양의 받침대를 놓고 그 위에 음식을 얹어 위에서 밑으로 복사되는 열을 이용해 굽는 조리법
굽기(Baking)	건조열로 굽는 방법으로 Bread류 등 빵집에서 많이 사용
찌기(Steaming)	200~250℃의 수증기를 이용하여 영양소와 맛의 변화 없이 익히는 조리법
로스팅(Roasting)	육류, 가금류, 감자 등을 통째로 오븐 220~260℃에 넣어 뚜껑을 덮지 않은 상태로 익히다가 표면을 수축한 다음 온도를 낮추어 충분한 시간을 들여 속까지 익히는 조리 조리법(고기는 굽는 동안 육즙이 빠지는 것을 방지하기 위해 saute를 하여 갈색을 낸 후 굽기도 함)
브레이징(Braising)	건열과 습열을 합쳐서 조리하는 조리법(우리나라의 찜과 비슷함)
포칭(Poaching)	원형이 변하지 않게 60~80℃의 물에 삶는 조리법(달걀, 소시지)
스튜(Stewing)	한국에서의 찌개와 비슷한 조리법으로 고기, 채소 등을 굵게 썰어 푹 끓이는 조리법
튀기기(Frying)	식품을 기름에 튀기는 조리법
시머링(Simmering)	95~98℃ 온도에서 장시간 조리하는 조리법(국물을, 육수를 낼 때 씀)
소테(sauteing)	표면이 연한 육류의 간이나 내장 또는 채소를 뜨겁게 달군 팬에 빠르게 재료 표면을 익혀 내부의 영양분이 밖으로 흘러나오지 않도록 하는 조리법
그릴링(grilling)	석쇠 바로 아래에 열을 받아 조리를 하는 Under Heat 방식으로 훈연의 향을 돋울 수 있는 장점과 석쇠의 온도 조절이 편리한 조리법
글레이징(glazing)	재료를 손질하여 데쳐서 버터, 설탕, 고기즙 또는 물 등을 넣고 졸여서 표면을 윤기 나게 코팅시키는 조리법(무, 당근, 샬롯 등을 조리하여 가니쉬로 사용)

양식조리기능사

시험 길잡이

항 목	내 용

양식 조리사 시험은 2가지 메뉴에 따라 50분에서 길게는 70분 이내에 만들어 제출합니다.
보통 2과제를 50~55분 동안 만들 수 있는 메뉴가 가장 많이 출제됩니다.
연습할 때 2가지 메뉴를 동시에 만들어 시간 내에 할 수 있는지 연습하는 것이 중요합니다.

항 목	내 용
1. 요구사항을 꼭 지킨다.	- 요구사항에 있는 양과 개수는 꼭 지킨다. - 양이나 개수가 부족하면 실격 처리된다. - 요구사항을 암기하면 빨리할 수 있다.
2. 지급재료를 암기하면 빨리할 수 있다.	- 암기에 자신이 없으면 지급재료를 보면서 빠트리지 않고 만든다.
3. 재료는 씻으면서 처음부터 분리한다.	- 접시 2개를 놓고 재료를 씻으면서 분리한다. - 1과제에 들어갈 재료를 2과제에 넣으면 안 된다. - 지급재료에 없는 재료를 넣으면 오작 처리된다. - 2가지에 공통으로 들어가는 재료는 미리 분리하지 않으면 한가지 메뉴에 다 넣는 경우가 많다.
4. 도마 사용은 깨끗한 재료부터 사용한다.	- 도마는 깨끗한 재료부터 순서대로 썰고 행주나 물로 닦아가면서 사용한다. 계속 물에 세척 하면 시간이 부족할 수 있다. - 도마 위에 2가지 재료가 올라가지 않도록 주의한다.
5. 루를 이용한 요리와 샐러드는 나중에 완성한다.	- 루를 이용한 소스나 수프는 미리 만들면 되직해지므로 미리할 경우 조금 묽게 하고, 그래도 되직하면 물을 넣고 다시 끓여 농도를 맞추어 제출한다. - 샐러드는 미리 조리하면 물이 생기고 숨이 죽으므로 미리 준비한 후 제출 직전에 조리한다.
6. 재료는 필요한 만큼만 사용한다.	- 재료는 메뉴에 따라 필요 이상 나오는 경우가 있다. - 모든 재료를 다 손질하면 시간이 부족 할 수 있다. - 파슬리의 경우 양이 많이 나오는 편인데 다 다지면 시간이 부족할 수 있다. - 수프에서 건더기 양도 필요한 만큼만 손질하여 사용한다.

양식조리기능사
실기

스톡 조리

01. 브라운스톡
Brown Stock

시험시간
30분

브라운스톡

재료

- 소뼈(2~3cm, 자른 것) 150g
- 양파(중, 150g) 1/2개
- 당근 40g
  [둥근 모양이 유지되게 등분]
- 셀러리 30g
- 검은 통후추 4개
- 토마토(중, 150g) 1개
- 파슬리(잎, 줄기 포함) 1줄기
- 월계수잎 1잎
- 정향 1개
- 버터(무염) 5g
- 식용유 50mL
- 면실 30cm
- 다임(fresh) 1줄기 [2g 정도]
- 다시백(10cm×12cm) 1개

요구사항 ※ 주어진 재료를 사용하여 다음과 같이 브라운스톡을 만드시오.

가. 스톡은 맑고 갈색이 되도록 하시오.
나. 소뼈는 찬물에 담가 핏물을 제거한 후 구워서 사용하시오.
다. 당근, 양파, 셀러리는 얇게 썬 후 볶아서 사용하시오.
라. 향신료로 사세 데피스(sachet d'epice)를 만들어 사용하시오.
마. 완성된 스톡은 200mL 이상 제출하시오.

만드는 법

1. 소뼈는 기름기를 제거하여 찬물에 담가 핏물을 제거한다.
2. 월계수 잎, 정향, 다임, 파슬리 줄기, 으깬 통후추를 다시 백에 넣은 후 면실로 묶어서 사세 데피스를 만든다.
3. 토마토는 칼집을 넣어 끓는 물에 데친 후 껍질과 씨를 제거하여 굵게 다진다.
4. 양파와 당근, 셀러리는 얇게 썬다.
5. 팬에 버터를 두르고 양파, 당근, 셀러리를 갈색이 나도록 볶은 후 토마토를 넣고 볶는다.
6. 팬에 식용유 넣고 소뼈가 갈색이 나도록 굽는다.
7. 냄비에 볶아놓은 채소와 소뼈, 사세 데피스, 물 3컵을 넣고 끓으면 약한 불에서 끓인다.
8. 중간중간 올라오는 거품 및 기름기를 제거한다.
9. 면포에 거른 후 200ml 이상 완성 그릇에 담아 제출한다.

   tip 면포를 2겹으로 하면 기름기가 잘 제거되고 꾹 눌러서 짜면 탁한 스톡이 된다.

   tip 스톡은 기름기를 잘 제거하여 200ml 이상 되는지 확인하고 제출한다.

합격 point

1. 소뼈는 데치지 않는다.
2. 뼈에 물을 넣고 끓으면 약한 불에서 오래 끓여야 스톡이 탁하지 않고 맑게 끓일 수 있다.
3. 스톡을 미리 완성하면 기름이 떠서 색이 탁한데 다시 면포에 걸러주면 맑은 스톡을 만들 수 있다.
4. 토마토를 볶으면 스톡의 신맛이 제거된다.

조리과정 브라운스톡

1 소뼈는 기름기를 제거하여 찬물에 담가 핏물을 제거한다.

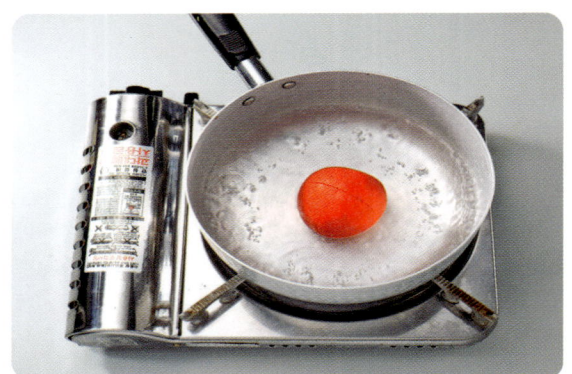

3 토마토는 칼집을 넣어 끓는 물에 데친 후 껍질과 씨를 제거하여 굵게 다진다.

2 월계수 잎, 정향, 타임, 파슬리 줄기, 으깬 통후추를 다시 백에 넣은 후 면실로 묶어서 사세 데피스를 만든다.

4 양파와 당근, 셀러리는 얇게 썬다.

조리과정 브라운스톡

5 팬에 버터를 두르고 양파, 당근, 샐러리를 갈색이 나도록 볶은 후 토마토를 넣고 볶는다.

6 팬에 식용유 넣고 소뼈가 갈색이 나도록 굽는다.

7 냄비에 볶아놓은 채소와 소뼈, 사세 데피스, 물 3컵을 넣고 끓으면 약한 불에서 끓인다.

8 중간중간 올라오는 거품 및 기름기를 제거한다.

9 면포에 거른 후 200ml 이상 완성 그릇에 담아 제출한다.

tip 면포를 2겹으로 하면 기름기가 잘 제거되고 꾹 눌러서 짜면 탁한 스톡이 된다.

tip 스톡은 기름기를 잘 제거하여 200ml 이상 되는지 확인하고 제출한다.

전채 조리

02. 쉬림프카나페
Shrimp Canape

시험시간
30분

쉬림프카나페

재료

- 새우(30~40g) 4마리
- 식빵(샌드위치 용) 1조각 [제조일로부터 하루 경과한 것]
- 달걀 1개
- 파슬리(잎, 줄기 포함) 1줄기
- 버터(무염) 30g
- 토마토케첩 10g
- 소금(정제염) 5g
- 흰후춧가루 2g
- 레몬 1/8개 [길이(장축)로 등분]
- 이쑤시개 1개
- 당근 15g [둥근 모양이 유지되게 등분]
- 셀러리 15g
- 양파(중, 150g) 1/8개

요구사항

※ 주어진 재료를 사용하여 다음과 같이 쉬림프카나페를 만드시오.

가. 새우는 내장을 제거한 후 미르포아(Mirepoix)를 넣고 삶아서 껍질을 제거하시오.
나. 달걀은 완숙으로 삶아 사용하시오.
다. 식빵은 지름 4cm의 원형으로 하고, 쉬림프카나페는 4개 제출하시오.

만드는 법

1. 파슬리는 찬물에 담근다.
2. 달걀은 찬물에서부터 소금 넣어 굴려 가며 물이 끓기 시작하면 13분 정도 삶아 찬물에 식힌 후 껍질을 벗겨 0.5cm 두께로 4쪽 썰어 놓는다.

   tip 달걀은 노른자가 중앙에 오도록 처음부터 끓이기 시작하여 5분간 굴려준다.

3. 식빵은 4등분한 후 4cm 정도의 원형으로 다듬어 팬에 앞뒤로 구워 버터를 바른다.
4. 당근, 양파, 셀러리는 채 썰어 놓는다.
5. 새우는 이쑤시개를 이용하여 내장을 제거한다.
6. 냄비에 물, 미르포아(양파, 당근, 셀러리, 레몬, 파슬리 줄기)를 넣고 끓으면 새우를 삶아 식힌다.
7. 새우는 머리와 껍질을 제거 후 등 쪽에 칼집을 넣는다.
8. 케첩 1T에 레몬즙, 흰 후춧가루를 섞어 소스를 만든다.
9. 버터 바른 식빵 위에 삶은 달걀을 올리고 새우와 소스를 얹은 다음 파슬리를 올려 완성 접시에 담는다.

합격 point

1. 새우는 완전히 해동된 다음 내장을 제거하여 끓은 미르포아에 넣고 색이 붉은색을 띠면 건져 식혀서 껍질을 벗겨야 새우 살이 선명하다.
2. 달걀은 완숙으로 삶는다.
3. 식빵은 마른 팬에 약한 불에서 굽는다.

조리과정 쉬림프카나페

1 파슬리는 찬물에 담근다.

2 달걀은 찬물에서부터 소금 넣어 굴려 가며 물이 끓기 시작하면 13분 정도 삶아 찬물에 식힌 후 껍질을 벗겨 0.5cm 두께로 4쪽 썰어 놓는다.

tip 달걀은 노른자가 중앙에 오도록 처음부터 끓이기 시작하여 5분간 굴려준다.

3 식빵은 4등분한 후 4cm 정도의 원형으로 다듬어 팬에 앞뒤로 구워 버터를 바른다.

조리과정 쉬림프카나페

4 당근, 양파, 셀러리는 채 썰어 놓는다.

5 새우는 이쑤시개를 이용하여 내장을 제거한다.

6 냄비에 물, 미르포아(양파, 당근, 셀러리, 레몬, 파슬리 줄기)를 넣고 끓으면 새우를 삶아 식힌다.

7 새우는 머리와 껍질을 제거 후 등 쪽에 칼집을 넣는다.

8 커첩 1T에 레몬즙, 흰 후춧가루를 섞어 소스를 만든다.

9 버터 바른 식빵 위에 삶은 달걀을 올리고 새우와 소스를 얹은 다음 파슬리를 올려 완성 접시에 담는다.

전채 조리

03. 프렌치프라이드쉬림프
French Fride Shrimp

시험시간 **25분**

프렌치프라이드쉬림프

재료

- 새우(50~60g) 4마리
- 밀가루(중력분) 80g
- 흰설탕 2g
- 달걀 1개
- 소금(정제염) 2g
- 흰후춧가루 2g
- 식용유 500mL
- 레몬 1/6개 [길이(장축)로 등분]
- 파슬리(잎, 줄기포함) 1줄기
- 냅킨(흰색, 기름제거용) 2장
- 이쑤시개 1개

요구사항 ※ 주어진 재료를 사용하여 다음과 같이 프렌치프라이드쉬림프를 만드시오.

가. 새우는 꼬리쪽에서 1마디 정도 껍질을 남겨 구부러지지 않게 튀기시오.
나. 달걀흰자를 분리하여 거품을 내어 튀김반죽에 사용하시오.
다. 새우튀김은 4개를 제출하시오.
라. 레몬과 파슬리를 곁들이시오.

만드는 법

1. 파슬리는 찬물에 담갔다가 싱싱하게 되면 파슬리 부케를 만든다.
2. 레몬은 웨지 모양으로 썰어 놓는다.
3. 새우는 내장, 머리, 물총을 제거하고 꼬리 한 마디 남기고 껍질을 벗긴다.
4. 새우 배 쪽에 칼집을 넣어 손으로 힘줄을 끊어주고 소금, 흰 후춧가루로 밑간한다.

   tip 새우가 등이 굽어지지 않기 새우 힘줄을 잘 끊어 준다.

5. 달걀흰자는 거품기로 한 방향으로 저어 머랭을 만든다.
6. 물 1T, 노른자, 소금 약간, 설탕 1t를 섞은 후 밀가루 3T를 체에 내려 가볍게 섞고 흰자머랭 2T를 넣어 가볍게 반죽한다.

   tip 튀김옷은 튀기기 직전에 만들어야 통통한 튀김을 만들 수 있다.

   tip 튀김옷에 흰자를 많이 넣으면 튀김 모양이 변형될 수 있다.

7. 새우에 밀가루를 묻힌 다음 반죽을 입혀 160℃에서 황금색으로 튀겨 키친타월에 기름을 제거한다.
8. 완성 접시에 새우를 담고 파슬리 부케와 레몬을 곁들여 완성한다.

합격 point

1. 튀김반죽의 농도를 잘 맞추고 튀길 때 온도를 잘 맞추어 황금색으로 튀긴다.

조리과정 프렌치프라이드쉬림프

1 파슬리는 찬물에 담갔다가 싱싱하게 되면 파슬리 부케를 만든다.

3 새우는 내장, 머리, 물총을 제거하고 꼬리 한 마디 남기고 껍질을 벗긴다.

2 레몬은 웨지 모양으로 썰어 놓는다.

4 새우 배 쪽에 칼집을 넣어 손으로 힘줄을 끊어주고 소금, 흰 후춧가루로 밑간한다.

tip 새우가 등이 굽어지지 않게 새우 힘줄을 잘 끊어 준다.

조리과정 프렌치프라이드쉬림프

5 달걀흰자는 거품기로 한 방향으로 저어 머랭을 만든다.

6 물 1T, 노른자, 소금 약간, 설탕 1t를 섞은 후 밀가루 3T를 체에 내려 가볍게 섞고 흰자머랭 2T를 넣어 가볍게 반죽한다.

> tip 튀김옷은 튀기기 직전에 만들어야 통통한 튀김을 만들 수 있다.
> tip 튀김옷에 흰자를 많이 넣으면 튀김 모양이 변형될 수 있다.

7 새우에 밀가루를 묻힌 다음 반죽을 입혀 160℃에서 황금색으로 튀겨 키친타월에 기름을 제거한다.

8 완성 접시에 새우를 담고 파슬리 부케와 레몬을 곁들여 완성한다.

전채 조리

04. 참치타르타르
Tuna Tartar

시험시간 **30분**

참치타르타르

재료

- 붉은색참치살 80g [냉동지급]
- 양파(중, 150g) 1/8개
- 그린올리브 2개
- 케이퍼 5개
- 올리브오일 25mL
- 레몬 1/4개 [길이(장축)로 등분]
- 핫 소스 5mL
- 처빌 2줄기 [fresh]
- 꽃소금 5g
- 흰후춧가루 3g
- 차이브 5줄기 [fresh(실파로 대처 가능)]
- 롤라로사(lollo rossa) 2잎 [꽃(적)상추로 대처 가능]
- 그린치커리 2줄기 [fresh]
- 붉은색 파프리카(150g) 1/4개 [길이 5~6cm]
- 노란색 파프리카(150g) 1/8개 [길이 5~6cm]
- 오이(가늘고 곧은 것, 20cm) 1/10개 [길이로 반을 갈라 10등분]
- 파슬리(잎, 줄기포함) 1줄기
- 딜 3줄기 [fresh]
- 식초 10mL
- *지참준비물추가 (테이블스푼) 2개 [퀜넬용, 머릿부분 가로 6cm, 세로(폭) 3.5~4cm]

요구사항

※ 주어진 재료를 사용하여 다음과 같이 참치타르타르를 만드시오.

가. 참치는 꽃소금을 사용하여 해동하고, 3~4mm의 작은 주사위 모양으로 썰어 양파, 그린올리브, 케이퍼, 처빌 등을 이용하여 타르타르를 만드시오.
나. 채소를 이용하여 샐러드부케를 만들어 곁들이시오.
다. 참치타르타르는 테이블 스푼 2개를 사용하여 퀜넬(quenelle)형태로 3개를 만드시오.
라. 채소 비네그레트는 양파, 붉은색과 노란색의 파프리카, 오이를 가로세로 2mm의 작은 주사위 모양으로 썰어서 사용하고, 파슬리·딜은 다져서 사용하시오.

만드는 법

1. 롤라로사, 그린 치커리, 처빌, 딜은 찬물에 담근다.
2. 냄비에 물을 끓인 다음 차이브를 데쳐준다.
3. 참치는 소금물에 해동하여 면포에 싸서 수분을 제거한다.

   tip 참치는 소금물에서 완전히 해동하고 면포에 싸서 수분을 잘 제거하여 사용한다.

4. 참치는 3~4mm 정도의 주사위 모양으로 썰어 놓는다.
5. 다진 양파, 다진 케이퍼, 다진 올리브, 다진 처빌, 핫소스 1/2t, 소금 약간, 흰 후춧가루, 올리브오일 1t, 레몬즙 약간을 넣고 잘 섞은 후 참치타르타르를 만든다.

   tip 타르타르 소스에 식초나 레몬을 많이 넣으면 참치 색이 변색되어 예쁘지 않게 된다.

   tip 타르타르 소스에 올리브오일을 많이 넣으면 완성품이 뭉치지 않고 갈라진다.

6. 오이, 양파, 붉은색 파프리카(일부), 노란색 파프리카(일부)를 2mm의 주사위 모양으로 다져주고 파슬리 찹, 다진 딜, 올리브오일 2T, 식초 1T, 레몬즙, 소금 약간, 흰 후춧가루를 넣어 채소 비네그레트를 만든다.
7. 붉은색 파프리카 채, 노란색 파프리카 채, 그린 치커리를 롤라로사로 감싸 데친 차이브로 묶어 샐러드 부케를 만든다.
8. 참치타르타르는 퀜넬스푼 또는 테이블스푼을 이용하여 퀜넬 모양으로 3개 만들어 접시에 담고 샐러드 부케와 채소비네그레트를 보기 좋게 담아 제출한다.

합격 point

1. 참치살을 미리 양념하면 참치 색이 변한다.
2. 채소는 끝부분을 잘라 물에 담가 싱싱하게 한다.
3. 샐러드 부케는 형태가 유지되도록 만든다.
4. 참치를 크게 썰면 참치 타르타르가 매끄럽지 않다.

조리과정 참치타르타르

1 롤라로사, 그린 치커리, 처빌, 딜은 찬물에 담근다.

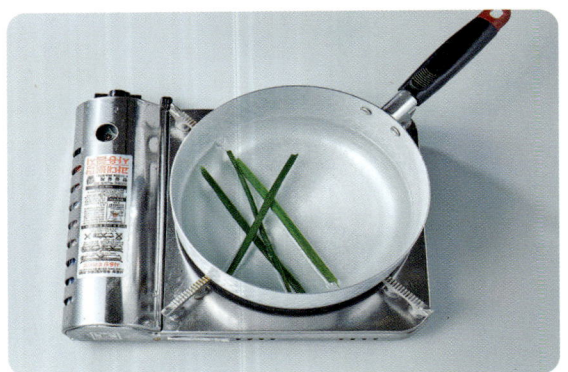

2 냄비에 물을 끓인 다음 차이브를 데쳐준다.

3 참치는 소금물에 해동하여 면포에 싸서 수분을 제거한다.

tip 참치는 소금물에서 완전히 해동하고 면포에 싸서 수분을 잘 제거하여 사용한다.

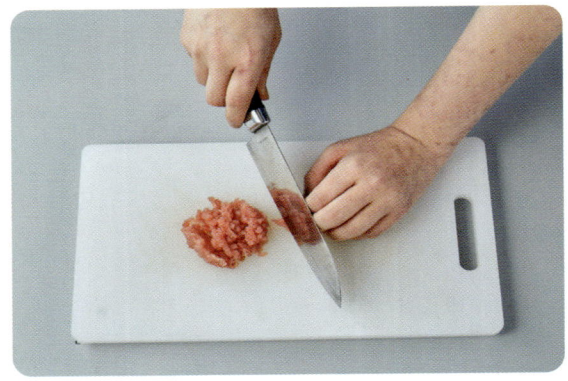

4 참치는 3~4mm 정도의 주사위 모양으로 썰어 놓는다.

5 다진 양파, 다진 케이퍼, 다진 올리브, 다진 처빌, 핫소스 1/2t, 소금 약간, 흰 후춧가루, 올리브오일 1t, 레몬즙 약간을 넣고 잘 섞은 후 참치타르타르를 만든다.

tip 타르타르 소스에 식초나 레몬을 많이 넣으면 참치 색이 변색되어 예쁘지 않게 된다.

tip 타르타르 소스에 올리브오일을 많이 넣으면 완성품이 뭉치지 않고 갈라진다.

조리과정 참치타르타르

6. 오이, 양파, 붉은색 파프리카(일부), 노란색 파프리카(일부)를 2mm의 주사위 모양으로 다져주고 파슬리 찹, 다진 딜, 올리브오일 2T, 식초 1T, 레몬즙, 소금 약간, 흰 후춧가루를 넣어 채소 비네그레트를 만든다.

7. 붉은색 파프리카 채, 노란색 파프리카 채, 그린 치커리를 롤라로사로 감싸 데친 차이브로 묶어 샐러드 부케를 만든다.

8. 참치타르타르는 퀜넬스푼 또는 테이블스푼을 이용하여 퀜넬 모양으로 3개 만들어 접시에 담고 샐러드 부케와 채소비네그레트를 보기 좋게 담아 제출한다.

샌드위치 조리

05. BLT 샌드위치
Bacom, Lettuce, Tomato Sandwich

시험시간 **30분**

BLT 샌드위치

재료

- 식빵(샌드위치 용) 3조각
- 양상추 20g
  [2잎, 잎상추로 대체가능]
- 토마토(중, 150g) 1/2개
  [둥근모양이 되도록 잘라서 지급]
- 베이컨(길이 25~30cm) 2조각
- 마요네즈 30g
- 소금(정제염) 3g
- 검은후춧가루 1g

요구사항

※ 주어진 재료를 사용하여 다음과 같이 BLT 샌드위치를 만드시오.

가. 빵은 구워서 사용하시오.
나. 토마토는 0.5cm 두께로 썰고, 베이컨은 구워서 사용하시오.
다. 완성품은 4조각으로 썰어 전량을 제출하시오.

만드는 법

1. 양상추는 찬물에 담가 놓는다.
2. 토마토는 0.5cm 두께로 썰어 소금, 후춧가루를 뿌린 후 키친타월에 올려 수분을 제거한다.
   > **tip** 토마토 썰어서 키친타월에 올려놓으면 씨 부분까지 수분이 잘 빠진다.
3. 베이컨은 팬에 구워 키친타월에 올려 기름기를 제거한다.
4. 식빵은 약한 불에서 색이 나지 않도록 바삭하게 구워 식힌다.
5. 토스트한 식빵 중 2장은 1면에, 1장은 양면에 마요네즈를 바른다.
6. 한 면에 마요네즈 바른 식빵에 양상추, 토마토를 올리고 마요네즈를 양면 바른 빵을 올린 후 양상추와 베이컨을 올려준 다음 한 면에 마요네즈를 바른 빵을 올린다.
7. 식빵의 가장자리를 잘라낸 후 ×자로 4등분하여 완성 접시에 담아낸다.
   > **tip** 샌드위치를 썰 때 잘 드는 칼로 톱질하듯이 썰면 분리되지 않는다.

합격 point

1. 빵을 구울 때 약한 불에서 바싹하게 구워 수분을 잘 빼야 썰 때 눌리지 않는다.
2. 썰 때 칼의 힘을 분산하기 위해 칼을 45도 각도로 세워서 썰면 빵이 덜 눌린다.
3. 썰린 면이 깔끔하고 속 재료가 빠져나오지 않도록 잘 드는 칼을 사용한다.

조리과정 BLT 샌드위치

1 양상추는 찬물에 담가 놓는다.

2 토마토는 0.5cm 두께로 썰어 소금, 후춧가루를 뿌린 후 키친타월에 올려 수분을 제거한다.

tip 토마토 썰어서 키친타월에 올려놓으면 씨 부분까지 수분이 잘 빠진다.

3 베이컨은 팬에 구워 키친타월에 올려 기름기를 제거한다.

kyungrok.com

조리과정 BLT 샌드위치

4 식빵은 약한 불에서 색이 나지 않도록 바삭하게 구워 식힌다.

5 토스트한 식빵 중 2장은 1면에, 1장은 양면에 마요네즈를 바른다.

6 한 면에 마요네즈 바른 식빵에 양상추, 토마토를 올리고 마요네즈를 양면 바른 빵을 올린 후 양상추와 베이컨을 올려준 다음 한 면에 마요네즈를 바른 빵을 올린다.

7 식빵의 가장자리를 잘라낸 후 ×자로 4등분하여 완성 접시에 담아낸다.

tip 샌드위치를 썰 때 잘 드는 칼로 톱질하듯이 썰면 분리되지 않는다.

샌드위치 조리

06. 햄버거샌드위치
Hamburger Sandwich

시험시간 **30분**

햄버거샌드위치

재료

- 소고기(살코기, 방심) 100g
- 양파(중, 150g) 1개
- 빵가루(마른 것) 30g
- 셀러리 30g
- 소금(정제염) 3g
- 검은후춧가루 1g
- 양상추 20g
  [2잎, 잎상추로 대체가능]
- 토마토(중, 150g) 1/2개
  [둥근모양이 되도록 잘라서 지급]
- 버터(무염) 15g
- 햄버거 빵 1개
- 식용유 20mL
- 달걀 1개

요구사항

※ 주어진 재료를 사용하여 다음과 같이 햄버거샌드위치를 만드시오.

가. 빵은 버터를 발라 구워서 사용하시오.
나. 고기에 사용되는 양파, 셀러리는 다진 후 볶아서 사용하시오.
다. 고기는 미디움웰던(medium-welldone)으로 굽고, 구워진 고기의 두께는 1cm로 하시오.
라. 토마토, 양파는 0.5cm 두께로 썰고 양상추는 빵 크기에 맞추시오.
마. 샌드위치는 반으로 잘라내시오.

만드는 법

1. 양상추는 찬물에 담가 싱싱하게 한다.
2. 토마토는 0.5cm 두께의 링으로 썰어 소금을 뿌려 치킨타월에 올려 수분을 제거한다.
3. 양파는 0.5cm 두께의 링으로 썰어 치킨타월에 올려 수분을 제거하고 양파 일부와 셀러리(섬유질 제거)를 곱게 다진 후 팬에 버터를 넣고 각각 볶는다.
4. 소고기는 핏물을 제거한 다음 곱게 다지고 볶은 양파와, 볶은 셀러리, 소금, 후춧가루, 빵가루, 달걀물을 넣어 많이 치댄다.

   tip 고기 패티 만들 때 반죽의 농도를 잘 맞춘다.

5. 양념한 고기를 빵보다 1cm 크게, 두께는 0.8cm로 동그란 모양으로 만든다.

   tip 패티는 구우면 중앙이 두꺼워지므로 중앙을 조금 얇게 하고 크기가 작아지므로 1cm 더 크게 만든다.

6. 빵에 버터를 바른 후 팬에 굽는다.
7. 팬에 식용유를 두르고 패티를 미디움웰던으로 굽는다.

   tip 패티를 구울 때 산적꽂이로 찔러 핏물이 나오면 키친타월로 닦아주고 더 익힌다.

8. 구운 빵 위에 양상추를 올리고, 고기 패티를 올린 다음 토마토, 양파, 빵 순서로 올려 햄버거를 만들고 반으로 잘라서 완성 접시에 담아낸다.

합격 point

1. 고기를 곱게 다져서 끈기가 있게 많이 치대야 부서지지 않고 자른 면이 곱다.
2. 썰 때 칼의 힘을 분산하기 위해 칼을 45도 각도로 세워서 톱질하듯이 속 재료가 빠져나오지 않도록 썬다.

조리과정 햄버거샌드위치

1 양상추는 찬물에 담가 싱싱하게 한다.

2 토마토는 0.5cm 두께의 링으로 썰어 소금을 뿌려 치킨타월에 올려 수분을 제거한다.

3 양파는 0.5cm 두께의 링으로 썰어 치킨타월에 올려 수분을 제거하고. 양파 일부와 셀러리(섬유질 제거)를 곱게 다진 후 팬에 버터를 넣고 각각 볶는다.

4 소고기는 핏물을 제거한 다음 곱게 다지고 볶은 양파와, 볶은 셀러리, 소금, 후춧가루, 빵가루, 달걀물을 넣어 많이 치댄다.

tip 고기 패티 만들 때 반죽의 농도를 잘 맞춘다.

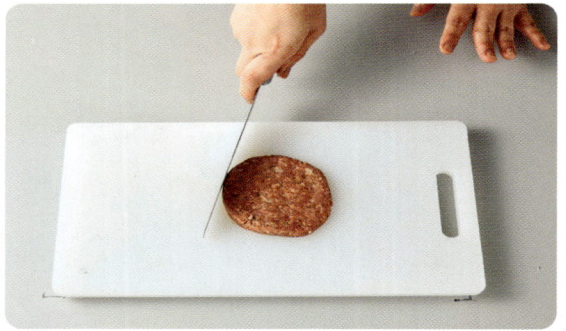

5 양념한 고기를 빵보다 1cm 크게, 두께는 0.8cm로 동그란 모양으로 만든다.

tip 패티는 구우면 중앙이 두꺼워지므로 중앙을 조금 얇게 하고 크기가 작아지므로 1cm 더 크게 만든다.

조리과정 햄버거샌드위치

6 빵에 버터를 바른 후 팬에 굽는다.

7 팬에 식용유를 두르고 패티를 미디움웰던으로 굽는다.

tip 패티를 구울 때 산적꽂이로 찔러 핏물이 나오면 키친타월로 닦아주고 더 익힌다.

8 구운 빵 위에 양상추를 올리고, 고기 패티를 올린 다음 토마토, 양파, 빵 순서로 올려 햄버거를 만들고 반으로 잘라서 완성 접시에 담아낸다.

샐러드 조리

07. 월도프샐러드
Waldorf Salad

시험시간 **20분**

월도프샐러드

재료

- 사과(200~250g) 1개
- 셀러리 30g
- 호두(중, 겉껍질 제거한 것) 2개
- 레몬 1/4개
  [길이(장축)로 등분]
- 소금(정제염) 2g
- 흰후춧가루 1g
- 마요네즈 60g
- 양상추 20g
  [2잎, 잎상추로 대체 가능]
- 이쑤시개 1개

요구사항 ※ 주어진 재료를 사용하여 다음과 같이 월도프샐러드를 만드시오.

가. 사과, 셀러리, 호두알을 1cm의 크기로 써시오.
나. 사과의 껍질을 벗겨 변색 되지 않게 하고, 호두알의 속껍질을 벗겨 사용하시오.
다. 상추 위에 월도프샐러드를 담아내시오.

만드는 법

1. 양상추는 찬물에 담가 싱싱하게 한다.
2. 호두는 끓는 물을 부어 불린 후 이쑤시개로 속껍질을 제거하여 1cm의 주사위 모양으로 썰고 자투리는 다진다.
3. 사과는 껍질을 벗겨 사방 1cm의 주사위 모양으로 썰어 갈변되지 않도록 레몬즙을 넣은 물에 담근다.

   tip 사과는 일정하게 썰고 수분을 잘 제거한다.

4. 셀러리는 섬유질을 제거하여 사방 1cm의 주사위 모양으로 썬다.
5. 수분을 제거한 사과, 셀러리, 호두에 마요네즈, 레몬즙, 소금, 흰 후춧가루를 넣어 버무린 다음 양상추를 깐 완성 접시에 담고 호두 가루를 올린다.

   tip 버무릴 때 마요네즈를 농도를 보면서 조금씩 넣어 버무린다.

합격 point

1. 레몬즙 섞은 물을 만들어 놓고 사과를 썰어서 바로 담가야 변색되지 않는다.
   (시험장에서 사과 변색 되는 경우가 많음)
2. 사과에 수분이 있거나 미리 버무리견 마요네즈가 흘러내릴 수 있으므로 내기 직전에 수분을 잘 제거하여 버무린다.

조리과정 월도프샐러드

1 양상추는 찬물에 담가 싱싱하게 한다.

2 호두는 끓는 물을 부어 불린 후 이쑤시개로 속껍질을 제거하여 1cm의 주사위 모양으로 썰고 자투리는 다진다.

3 사과는 껍질을 벗겨 사방 1cm의 주사위 모양으로 썰어 갈변되지 않도록 레몬즙을 넣은 물에 담근다.

tip 사과는 일정하게 썰고 수분을 잘 제거한다.

4 셀러리는 섬유질을 제거하여 사방 1cm의 주사위 모양으로 썬다.

조리과정 월도프샐러드

5 수분을 제거한 사과, 셀러리, 호두에 마요네즈, 레몬즙, 소금, 흰 후춧가루를 넣어 버무린 다음 양상추를 깐 완성 접시에 담고 호두 가루를 올린다.

tip 버무릴 때 마요네즈를 농도를 보면서 조금씩 넣어 버무린다.

샐러드 조리

08. 포테이토샐러드
Potato Salad

시험시간
30분

포테이토샐러드

재료

- 감자(150g) 1개
- 양파(중, 150g) 1/6개
- 파슬리(잎, 줄기포함) 1줄기
  소금(정제염) 5g
- 흰후춧가루 1g
- 마요네즈 50g

요구사항

※ 주어진 재료를 사용하여 다음과 같이 포테이토샐러드를 만드시오.

가. 감자는 껍질을 벗긴 후 1cm의 정육면체로 썰어서 삶으시오.
나. 양파는 곱게 다져 매운맛을 제거하시오.
다. 파슬리는 다져서 사용하시오.

만드는 법

1. 파슬리는 찬물에 담근다.
2. 감자는 껍질을 벗겨 사방 1cm 크기의 주사위 모양으로 썰어 찬물에 담가 갈변을 방지한다.
3. 끓는 물에 소금을 넣고 감자를 넣어 익으면 건져 헹구지 않고 식힌다.

   tip 감자를 물에 헹구지 않고 접시에 면포나 키친타월에 펴서 식힌다.

4. 양파는 곱게 다져 소금물에 담가 매운맛을 뺀 후 수분을 제거한다.
5. 파슬리는 곱게 다져 면포에 싸서 물에 헹군 후 보슬보슬한 가루로 만든다.
6. 마요네즈, 다진 양파, 파슬리 찹, 소금, 흰 후춧가루를 섞어 드레싱을 만든 후 감자에 버무려 완성 접시에 담고 파슬리 찹을 올린다.

   tip 감자는 완전히 식은 다음 소스를 양을 조절하면서 무친다.

합격 *point*

1. 감자는 적당하게 익었는지 산적꽂이로 찍어서 익은 상태를 확인한다.
2. 감자는 완전히 식힌 다음 제출하기 직전에 마요네즈에 버무려야 마요네즈가 흐르지 않고 완성품의 상태가 좋다.

조리과정 포테이토샐러드

1 파슬리는 찬물에 담근다.

2 감자는 껍질을 벗겨 사방 1cm 크기의 주사위 모양으로 썰어 찬물에 담가 갈변을 방지한다.

3 끓는 물에 소금을 넣고 감자를 넣어 익으면 건져 헹구지 않고 식힌다.

tip 감자를 물에 헹구지 않고 접시에 면포나 키친타월에 펴서 식힌다.

4 양파는 곱게 다져 소금물에 담가 매운맛을 뺀 후 수분을 제거한다.

5 파슬리는 곱게 다져 면포에 싸서 물에 헹군 후 보슬보슬한 가루로 만든다.

kyungrok.com

조리과정 포테이토샐러드

6 마요네즈, 다진 양파, 파슬리 찹, 소금, 흰 후춧가루를 섞어 드레싱을 만든 후 감자에 버무려 완성 접시에 담고 파슬리 찹을 올린다.

tip 감자는 완전히 식은 다음 소스를 양을 조절하면서 무친다.

샐러드 조리

09. 사우전아일랜드드레싱
Thousand Island Dressing

시험시간 **20분**

사우전아일랜드드레싱

재료

- 마요네즈 70g
- 오이피클(개당 25~30g) 1/2개
- 양파(중, 150g) 1/6개
- 토마토케첩 20g
- 소금(정제염) 2g
- 흰후춧가루 1g
- 레몬 1/4개 [길이(장축)로 등분]
- 달걀 1개
- 청피망(중, 75g) 1/4개
- 식초 10mL

요구사항 ※ 주어진 재료를 사용하여 다음과 같이 사우전아일랜드드레싱을 만드시오.

가. 드레싱은 핑크빛이 되도록 하시오.
나. 다지는 재료는 0.2cm 크기로 하시오.
다. 드레싱은 농도를 잘 맞추어 100mL 이상 제출하시오.

만드는 법

1. 달걀은 찬물에서부터 소금, 식초를 넣어 물이 끓기 시작하면 13분 동안 삶아 찬물에 식힌다.
2. 달걀은 껍질을 벗긴 후 흰자는 0.2cm 크기로 다지고 노른자는 체에 내린다.
3. 양파는 0.2cm 크기로 다져 소금물에 담가 매운맛을 제거한다.
4. 청피망과 오이피클은 0.2cm 크기로 다져 수분을 제거한다.
5. 달걀흰자, 마요네즈, 케첩, 양파, 청피망, 오이피클, 소금, 흰 후춧가루를 넣고 달걀노른자로 색을 조절하며 넣어 섞어 레몬즙과 식초로 농도 조절 후 완성 그릇에 100ml 이상 담아낸다.

tip 마요네즈와 케첩 비율을 3:1로 하고 색과 농도에 주의한다.(노른자가 많이 들어가면 주홍색이 될 수 있다)

합격 point

1. 모든 재료는 곱게 다진다.
2. 소스의 농도는 타르타르소스 보다 약간 물게 만든다.(주로 샐러드 소스 사용)

조리과정 사우전아일랜드드레싱

1 달걀은 찬물에서부터 소금, 식초를 넣어 물이 끓기 시작하면 13분 동안 삶아 찬물에 식힌다.

3 양파는 0.2cm의 크기로 다져 소금물에 담가 매운맛을 제거한다.

4 청피망과 오이피클은 0.2cm 크기로 다져 수분을 제거한다.

2 달걀은 껍질을 벗긴 후 흰자는 0.2cm 크기로 다지고 노른자는 체에 내린다.

조리과정 사우전아일랜드드레싱

5 달걀흰자, 마요네즈, 케첩, 양파, 청피망, 오이피클, 소금, 흰 후춧가루를 넣고 달걀노른자로 색을 조절하며 넣어 섞어 레몬즙과 식초로 농도 조절 후 완성 그릇에 100ml 이상 담아낸다.

tip 마요네즈와 케첩 비율을 3:1로 하고 색과 농도에 주의한다.(노른자가 많이 들어가면 주홍색이 될 수 있다)

샐러드 조리

10. 해산물샐러드
Seafood Salad

시험시간 30분

해산물샐러드

재료

- 새우(30~40g) 3마리
- 관자살(개당 50~60g) 1개 [해동 지급]
- 피홍합(길이 7cm이상) 3개
- 중합(지름 3cm) 3개 [모시조개, 백합 등 대체 가능]
- 양파(중, 150g) 1/4개
- 마늘(중, 깐 것) 1쪽
- 실파 20g [1뿌리]
- 그린치커리 2줄기
- 양상추 10g
- 롤라로사(lollo rossa) 2잎 [꽃(적)상추로 대체 가능]
- 올리브오일 20mL
- 레몬 1/4개 [길이(장축)로 등분]
- 식초 10mL
- 딜 2줄기 [fresh]
- 월계수잎 1잎
- 셀러리 10g
- 흰통후추 3개 [검은통후추 대체 가능]
- 소금(정제염) 5g
- 흰후춧가루 5g
- 당근 15g [둥근 모양이 유지되게 등분]

요구사항

※ 주어진 재료를 사용하여 다음과 같이 해산물샐러드를 만드시오.

가. 미르포아(mirepoix), 향신료, 레몬을 이용하여 쿠르부용(court bouillon)을 만드시오.
나. 해산물은 손질하여 쿠르부용(court bouillon)에 데쳐 사용하시오.
다. 샐러드 채소는 깨끗이 손질하여 싱싱하게 하시오.
라. 레몬 비네그레트는 양파, 레몬즙, 올리브 오일 등을 사용하여 만드시오.

만드는 법

1. 롤라로사, 양상추, 실파, 그린 치커리는 찬물에 담가 싱싱하게 한다.
2. 미르포아(당근, 양파, 셀러리) 채 썰고 실파, 마늘, 레몬, 월계수잎, 흰 통후추를 넣어 쿠르부용을 끓인다.(양파, 마늘 일부 다져서 레몬 비네그레트에 사용)
3. 홍합은 족사를 제거하여 중합과 같이 엷은 소금물에 담가 해감한다.
4. 관자는 막을 제거하고 모양을 살려서 0.5cm 두께로 썰어 쿠르부용에 익힌다.
5. 홍합, 중합 쿠르부용에 삶아 껍질을 제거한다.
6. 새우는 내장을 제거하고 쿠르부용에 삶아 머리, 껍질, 꼬리를 제거한다.

    tip 해물을 삶을 때 살짝 삶으면 안 익고 오래 삶으면 질기다.

    tip 관자, 중합, 홍합, 새우 순서로 삶아야 깨끗해 보이고 물에 헹구지 않고 식힌다.

7. 올리브오일 2T, 다진 양파 1T, 다진 딜, 다진 마늘 1t, 식초 1T, 레몬즙, 소금, 흰 후춧가루를 섞어 레몬 비네그레트를 만든다.
8. 완성 접시에 샐러드 채소와 해산물 담고 레몬 비네그레트를 뿌려 완성한다.

합격 point

1. 해산물은 익히는 시간이 다르므로 특징을 살려 잘 익힌다.
2. 양파 미르포아와 레몬 비네그레트에 들어갈 양파를 분리하여 사용한다.
3. 마늘과 딜은 어디에 넣으라는 요구사항에 없어 다져서 레몬 비네그레트와 미르포아에 사용하여도 무방하다.

조리과정 해산물샐러드

1 롤라로사, 양상추, 실파, 그린 치커리는 찬물에 담가 싱싱하게 한다.

2 미르포아(당근, 양파, 셀러리) 채 썰고 실파, 마늘, 레몬, 월계수잎, 흰 통후추를 넣어 쿠르부용을 끓인다.(양파, 마늘 일부 다져서 레몬 비네그레트에 사용)

3 홍합은 족사를 제거하여 중합과 같이 엷은 소금물에 담가 해감한다.

4 관자는 막을 제거하고 모양을 살려서 0.5cm 두께로 썰어 쿠르부용에 익힌다.

조리과정 해산물샐러드

5 홍합, 중합 쿠르부용에 삶아 껍질을 제거한다.

6 새우는 내장을 제거하고 쿠르부용에 삶아 머리, 껍질, 꼬리를 제거한다.

> **tip** 해물을 삶을 때 살짝 삶으면 안 익고 오래 삶으면 질기다.
>
> **tip** 관자, 중합, 홍합, 새우 순서로 삶아야 깨끗해 보이고 물에 헹구지 않고 식는다.

7 올리브오일 2T, 다진 양파 1T, 다진 딜, 다진 마늘 1t, 식초 1T, 레몬즙, 소금, 흰 후춧가루를 섞어 레몬 비네그레트를 만든다.

8 완성 접시에 샐러드 채소와 해산물 담고 레몬 비네그레트를 뿌려 완성한다.

샐러드 조리

11. 시저샐러드
Caesar Salad

시험시간
35분

시저샐러드

재료

- 달걀(60g) 2개 [상온에 보관한 것]
- 디존 머스타드 10g
- 레몬 1개
- 로메인 상추 50g
- 마늘 1쪽
- 베이컨(길이 25~30cm) 1조각
- 앤초비 3개
- 올리브오일(extra virgin) 20mL
- 카놀라오일 300mL
- 식빵(슬라이스) 1쪽
- 검은후춧가루 5g
- 파미지아노 레기아노치즈(덩어리) 20g
- 화이트와인식초 20mL
- 소금 10g

요구사항 ※ 주어진 재료를 사용하여 다음과 같이 시저샐러드를 만드시오.

가. 마요네즈(100g 이상), 시저드레싱(100g 이상), 시저샐러드(전량)를 만들어 3가지를 각각 별도의 그릇에 담아 제출하시오.
나. 마요네즈(mayonnaise)는 달걀노른자, 카놀라오일, 레몬즙, 디존 머스터드, 화이트와인식초를 사용하여 만드시오.
다. 시저드레싱(caesar dressing)은 마요네즈, 마늘, 앤초비, 검은후춧가루, 파미지아노 레기아노, 올리브오일, 디존 머스터드, 레몬즙을 사용하여 만드시오.
라. 파미지아노 레기아노는 강판이나 채칼을 사용하시오.
마. 시저샐러드(caesar salad)는 로메인 상추, 곁들임(크루통(1cm×1cm), 구운 베이컨(폭 0.5cm), 파미지아노 레기아노), 시저드레싱을 사용하여 만드시오.

만드는 법

1. 로메인은 찬물에 담가 싱싱하게 한다.
2. 식빵은 1×1cm 크기로 잘라 팬에 카놀라오일을 두른 후 볶아 크루통을 만든다.
3. 베이컨은 0.5cm 크기로 잘라 마른 팬에 구워 키친타월에 기름기를 제거한다.
4. 달걀노른자 2개를 잘 풀어 카놀라유를 조금씩 넣어 가며 한 방향으로 저어 농도가 되직하면 카놀라유와 화이트 와인 식초로 번갈아 넣어 농도를 조절하며 저어준다.

   tip 노른자에 카놀라유를 조금씩 넣어 가면서 한 방향으로 저어야 기름이 분리되지 않는다.

5. 4에 레몬즙과 디존머스타드 1/2t, 소금 약간을 넣어 섞어 마요네즈를 만들어 100ml 이상 담아 놓는다.
6. 남은 마요네즈에 다진 마늘 1/2T, 다진 엔초비, 디존 머스타드 1t, 소금, 검은 후춧가루, 올리브오일, 레몬즙, 강판에 간 파미지아노 레기아노 1t를 넣어 잘 섞어 시저드레싱을 만들어 100ml이상 담아 놓는다.
7. 로메인은 수분을 제거 하여 한 입 크기로 썰어 놓는다.
8. 로메인에 남은 시저 드레싱을 조금씩 넣어 가며 가볍게 버무려 완성 접시에 담은 후 베이컨, 쿠루통을 얹고 파미지아노 레기아노 치즈를 강판으로 갈아 뿌려 완성한다.

합격 *point*

1. 로메인 상추 물기를 완전히 제거해야 드레싱이 겉돌지 않는다.
2. 마요네즈와 시저 드레싱을 2/3컵씩 담아야 100g 이상이 된다.

조리과정 시저샐러드

1 로메인은 찬물에 담가 싱싱하게 한다.

2 식빵은 1×1cm 크기로 잘라 팬에 카놀라오일을 두른 후 볶아 크루통을 만든다.

3 베이컨은 0.5cm 크기로 잘라 마른 팬에 구워 키친타월에 기름기를 제거한다.

조리과정 시저샐러드

4 달걀노른자 2개를 잘 풀어 카놀라유를 조금씩 넣어 가며 서서히 한 방향으로 저어 농도가 되직하면 카놀라유와 화이트 와인 식초로 번갈아 넣어 농도를 조절하며 저어준다.

tip 노른자에 카놀라유를 조금씩 넣어 가면서 한 방향으로 저어야 기름이 분리되지 않는다.

6 남은 마요네즈에 다진 마늘 1/2T, 다진 엔초비, 디존 머스타드 1t, 소금, 검은 후춧가루, 올리브오일, 레몬즙, 강판에 간 파미지아노 레기아노 1t를 넣어 잘 섞어 시저드레싱을 만들어 100ml 이상 담아 놓는다.

5 **4**에 레몬즙과 디존머스타드 1/2t, 소금 약간을 넣어 섞어 마요네즈를 만들어 100ml 이상 담아 놓는다.

조리과정 시저샐러드

7 로메인은 수분을 제거하여 한 입 크기로 썰어 놓는다.

8 로메인에 남은 시저 드레싱을 조금씩 넣어 가며 가볍게 버무려 완성 접시에 담은 후 베이컨, 쿠루통을 얹고 파미지아노 레기아노 치즈를 강판으로 갈아 뿌려 완성한다.

조식 조리

12. 스페니쉬오믈렛
Spanish omelet

시험시간 **30분**

스페니쉬오믈렛

재료

- 토마토(중, 150g) 1/4개
- 양파(중, 150g) 1/6개
- 청피망(중, 75g) 1/6개
- 양송이(10g) 1개
- 베이컨(길이 25~30cm) 1/2조각
- 토마토케첩 20g
- 검은후춧가루 2g
- 소금(정제염) 5g
- 달걀 3개
- 식용유 20mL
- 버터(무염) 20g
- 생크림(동물성) 20mL

요구사항

※ 주어진 재료를 사용하여 다음과 같이 스페니쉬오믈렛을 만드시오.

가. 토마토, 양파, 청피망, 양송이, 베이컨은 0.5cm의 크기로 썰어 오믈렛 소를 만드시오.
나. 소가 흘러나오지 않도록 하시오.
다. 소를 넣어 나무젓가락과 팬을 이용하여 타원형으로 만드시오.

만드는 법

1. 토마토는 칼집을 넣어 끓는 물에 데친 후 껍질과 씨를 제거하여 사방 0.5cm 크기로 썬다.
2. 베이컨은 끓는 물에 데쳐 사방 0.5cm 크기로 썬다.
3. 양파, 양송이, 청피망은 사방 0.5cm 크기로 썬다.
4. 달걀은 잘 풀어 준 다음 생크림 1T, 소금을 넣어 체에 내린다.
5. 팬에 버터를 두르고 베이컨, 양파, 양송이, 토마토, 청피망을 볶다가 케첩 1T, 소금, 검은 후춧가루를 넣고 볶는다.

   tip 재료를 볶을 때 수분이 없도록 되직하게 볶아야 완성할 때 국물이 흐르지 않는다.

6. 오믈렛 팬에 식용유와 버터를 두르고 달걀을 넣어 나무젓가락으로 한 방향으로 저어 스크램블 해준 다음 속 재료를 1T 넣고 럭비공 모양으로 만든 후 완성 접시에 담아낸다.

   tip 낮은 온도에서 만들어야 타지 않고 예쁘게 만들 수 있다.

합격 point

1. 달걀 스크램블 할 때 중간에 불을 줄이고 60% 익으면 소를 1T 넣고 약한 불에서 익혀야 매끄럽게 만들 수 있다.
2. 속이 터지거나 달걀색이 타지 않도록 하고 나무젓가락으로 모양을 만든다.
   (나무 주걱이나, 손으로 모양을 만들면 감점이 크다)

조리과정 스페니쉬오믈렛

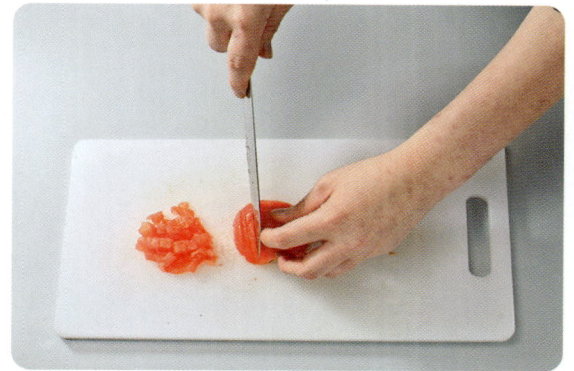

1. 토마토는 칼집을 넣어 끓는 물에 데친 후 껍질과 씨를 제거하여 사방 0.5cm 크기로 썬다.

3. 양파, 양송이, 청피망은 사방 0.5cm 크기로 썬다.

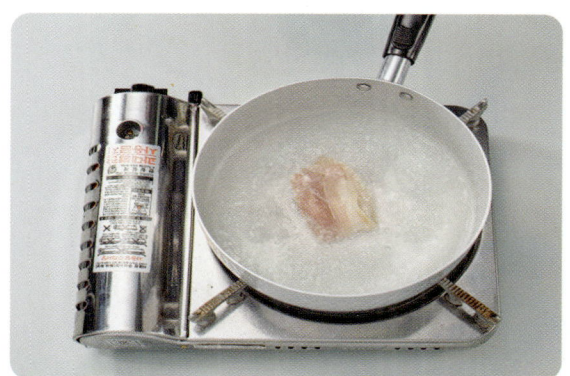

2. 베이컨은 끓는 물에 데쳐 사방 0.5cm 크기로 썬다.

4. 달걀은 잘 풀어 준 다음 생크림 1T, 소금을 넣어 체에 내린다.

조리과정 스페니쉬오믈렛

5 팬에 버터를 두르고 베이컨, 양파, 양송이, 토마토, 청피망을 볶다가 케첩 1T, 소금, 검은 후춧가루를 넣고 볶는다.

tip 재료를 볶을 때 수분이 없도록 되직하게 볶아야 완성할 때 국물이 흐르지 않는다.

6 오믈렛 팬에 식용유와 버터를 두르고 달걀을 넣어 나무젓가락으로 한 방향으로 저어 스크램블 해준 다음 속 재료를 1T 넣고 럭비공 모양으로 만든 후 완성 접시에 담아낸다.

tip 낮은 온도에서 만들어야 타지 않고 예쁘게 만들 수 있다.

조식 조리

13. 치즈오믈렛
Cheese omelet

시험시간 **20분**

치즈오믈렛

재료

- 달걀 3개
- 치즈(가로, 세로 8cm) 1장
- 버터(무염) 30g
- 식용유 20mL 1개
- 생크림(동물성) 20mL
- 소금(정제염) 2g

요구사항

※ 주어진 재료를 사용하여 다음과 같이 치즈오믈렛을 만드시오.

가. 치즈는 사방 0.5cm로 자르시오.
나. 치즈가 들어가 있는 것을 알 수 있도록 하고, 익지 않은 달걀이 흐르지 않도록 만드시오.
다. 나무젓가락과 팬을 이용하여 타원형으로 만드시오.

만드는 법

1. 치즈는 사방 0.5cm 썰어 놓는다.
2. 달걀을 잘 풀어주고 생크림 1T, 소금을 넣은 후 잘 섞어 체에 내려 치즈 1/2를 넣어 섞어준다.
3. 오믈렛 팬에 식용유와 버터를 두르고 중불에서 달걀을 넣고 나무젓가락으로 잘 저어 스크램블 한다.

   tip 달걀을 저어줄 때 빠른 속도로 저어주면 통통한 럭비공 모양을 만들 수 있다.

4. 약한 불에서 나머지 치즈를 넣고 나무젓가락으로 럭비공 모양으로 만들어 완성 그릇에 담아낸다.

   tip 반쯤 익으면 치즈를 넣어 모양을 만든다.

   tip 럭비공 모양으로 만들 때 색이 나지 않도록 낮은 온도에서 만든다.

합격 point

1. 나무 주걱이나, 손으로 모양을 만들면 감점이 크다.
2. 치즈를 처음에 많이 넣으면 치즈가 열에 약해서 태울 수 있으므로 2번에 나누어 넣는다.

조리과정 치즈오믈렛

1. 치즈는 사방 0.5cm 썰어 놓는다.

2. 달걀을 잘 풀어주고 생크림 1T, 소금을 넣은 후 잘 섞어 체에 내려 치즈 1/2를 넣어 섞어 준다.

3. 오믈렛 팬에 식용유와 버터를 두르고 중불에서 달걀을 넣고 나무젓가락으로 잘 저어 스크램블 한다.

tip 달걀을 저어줄 때 빠른 속도로 저어주면 통통한 럭비공 모양을 만들 수 있다.

조리과정 치즈오믈렛

4 약한 불에서 나머지 치즈를 넣고 나무젓가락으로 럭비공 모양으로 만들어 완성 그릇에 담아낸다.

tip 반쯤 익으면 치즈를 넣어 모양을 만든다.

tip 럭비공 모양으로 만들 때 색이 나지 않도록 낮은 온도에서 만든다.

수프 조리

14. 비프 콘소메
Beef Consomme

시험시간 **40분**

비프 콘소메

요구사항 ※ 주어진 재료를 사용하여 다음과 같이 비프 콘소메를 만드시오.

가. 어니언 브루리(onion brulee)를 만들어 사용하시오.
나. 양파를 포함한 채소는 채 썰어 향신료, 소고기, 달걀흰자 머랭과 함께 섞어 사용하시오.
다. 수프는 맑고 갈색이 되도록 하여 200mL 이상 제출하시오.

재료

- 소고기(살코기) 70g [갈은 것]
- 양파(중, 150g) 1개
- 당근 40g [둥근 모양이 유지되게 등분]
- 셀러리 30g
- 달걀 1개
- 소금(정제염) 2g
- 검은후춧가루 2g
- 검은통후추 1개
- 파슬리(잎, 줄기포함) 1줄기
- 월계수잎 1잎
- 토마토(중, 150g) 1/4개
- 비프스톡(육수) 500mL [물로 대체 가능]
- 정향 1개

만드는 법

1. 토마토는 칼집을 넣어 끓는 물에 데친 후 껍질과 씨를 제거하여 굵게 다진다.
2. 양파 일부는 밑 부분을 잘라 팬에 기름 없이 갈색으로 구워 어니언 브루리를 만든다.

   tip 양파를 잘 구워야 갈색 맑은 수프를 만들 수 있다.

3. 나머지 양파와 당근, 셀러리는 채 썬다.
4. 달걀은 흰자와 노른자를 분리하여 흰자만 거품기로 한 방향으로 저어 단단한 머랭을 만든다.
5. 흰자 머랭, 소고기, 당근, 셀러리, 파슬리 줄기, 월계수잎, 정향, 검은 통후추, 토마토를 섞는다.
6. 냄비에 물 3~4C을 넣고 어니언 브루리, 섞은 재료를 넣고 끓으면 도넛 모양을 만들어 끓이다가 마지막에 소금, 검은 후춧가루로 간을 한 후 면포에 걸러 200ml 이상 그릇에 담아낸다.

   tip 면포에 거를 때 꼭 짜면 혼탁한 수프가 되므로 주의한다.

합격 point

1. 양파를 진한 갈색으로 구워 어니언 브루리를 만들어야 갈색 수프를 만들 수 있다.
2. 중간 불에서 오래 끓이면 맑은 갈색 수프를 만들 수 있다.

조리과정 비프 콘소메

1 토마토는 칼집을 넣어 끓는 물에 데친 후 껍질과 씨를 제거하여 굵게 다진다.

2 양파 일부는 밑 부분을 잘라 팬에 기름 없이 갈색으로 구워 어니언 브루리를 만든다.

tip 양파를 잘 구워야 갈색 맑은 수프를 만들 수 있다.

3 나머지 양파와 당근, 셀러리는 채 썬다.

4 달걀은 흰자와 노른자를 분리하여 흰자만 거품기로 한 방향으로 저어 단단한 머랭을 만든다.

5 흰자 머랭, 소고기, 당근, 셀러리, 파슬리 줄기, 월계수잎, 정향, 검은 통후추, 토마토를 섞는다.

조리과정 비프 콘소메

6 냄비에 물 3~4C을 넣고 어니언 브루리, 섞은 재료를 넣고 끓으면 도넛 모양을 만들어 끓이다가 마지막에 소금, 검은 후춧가루로 간을 한 후 면포에 걸러 200ml 이상 그릇에 담아 낸다.

tip 면포에 거를 때 꼭 짜면 혼탁한 수프가 되므로 주의한다.

수프 조리

15. 미네스트로니 수프
Minestrone Soup

시험시간 30분

미네스트로니 수프

재료

- 양파(중, 150g) 1/4개
- 셀러리 30g
- 당근 40g
  [둥근 모양이 유지되게 등분]
- 무 10g
- 양배추 40g
- 버터(무염) 5g
- 스트링빈스 2줄기
  [냉동, 채두대체가능]
- 완두콩 5알
- 토마토(중, 150g) 1/8개
- 스파게티 2가닥
- 토마토 페이스트 15g
- 파슬리(잎, 줄기포함) 1줄기
- 베이컨(길이 25~30cm) 1/2조각
- 마늘(중, 깐 것) 1쪽
- 소금(정제염) 2g
- 검은후춧가루 2g
- 치킨 스톡 200mL
  [물로 대체 가능]
- 월계수잎 1잎
- 정향 1개

요구사항

※ 주어진 재료를 사용하여 다음과 같이 미네스트로니 수프를 만드시오.

가. 채소는 사방 1.2cm, 두께 0.2cm로 써시오.
나. 스트링빈스, 스파게티는 1.2cm의 길이로 써시오.
다. 국물과 고형물의 비율을 3:1 로 하시오.
라. 전체 수프의 양은 200mL 이상으로 하고 파슬리 가루를 뿌려내시오.

만드는 법

1. 파슬리는 찬물에 담근다.
2. 마늘은 다지고 스트링 빈스(껍질콩)는 1.2cm 길이로 썬다.
3. 완두콩은 끓는 물에 데쳐 찬물에 헹군다.
4. 토마토는 칼집을 넣어 끓는 물에 데친 후 껍질과 씨를 제거하여 사방 1.2cm의 크기로 썬다.
5. 스파게티를 끓는 물에 삶아 1.2cm의 길이로 썬다.
6. 베이컨은 끓는 물에 데친 후 사방 1.2cm의 크기로 썬다.
7. 당근, 무, 양파, 셀러리, 양배추는 1.2cm×1.2cm×0.2cm의 크기로 썬다.
8. 파슬리는 곱게 다져 면포에 싸서 물에 헹군 후 보슬보슬한 가루로 만든다.
9. 냄비에 버터를 두르고 양파, 무, 당근, 셀러리, 마늘을 넣고 볶다가 토마토 페이스트를 넣고 약한 불에서 신맛이 제거되도록 볶는다.
10. 9에 물 2C, 월계수잎, 정향을 넣고 끓이다가 베이컨, 토마토, 스파게티, 스트링 빈스, 완두콩 넣고 끓여 농도가 맞으면 소금, 검은 후춧가루를 간하고 월계수잎, 정향은 건져 낸다.
11. 완성 그릇에 담고 파슬리 찹을 올린다.

합격 point

1. 재료를 일정한 크기로 썬다.
2. 끓이면서 거품을 잘 제거해야 작품이 깔끔하다.
3. 국물과 고형물이 3:1 비율이 되도록 200ml 이상 담는다.

조리과정 미네스트로니 수프

1 파슬리는 찬물에 담근다.

2 마늘은 다지고 스트링 빈스(껍질콩)는 1.2cm 길이로 썬다.

3 완두콩은 끓는 물에 데쳐 찬물에 헹군다.

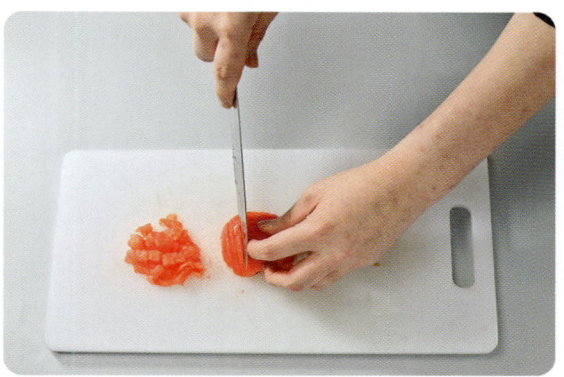

4 토마토는 칼집을 넣어 끓는 물에 데친 후 껍질과 씨를 제거하여 사방 1.2cm의 크기로 썬다.

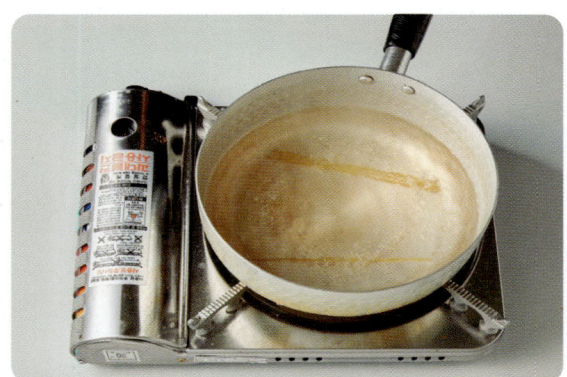

5 스파게티를 끓는 물에 삶아 1.2cm의 길이로 썬다.

조리과정 미네스트로니 수프

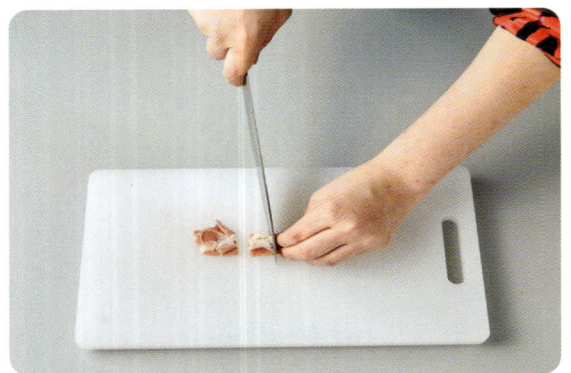

6　베이컨은 끓는 물에 데친 후 사방 1.2cm의 크기로 썬다.

7　당근, 무, 양파, 셀러리, 양배추는 1.2cm× 1.2cm×0.2cm의 크기로 썬다.

8　파슬리는 곱게 다져 면포에 싸서 물에 헹군 후 보슬보슬한 가루로 만든다.

9　냄비에 버터를 두르고 양파, 무, 당근, 셀러리, 마늘을 넣고 볶다가 토마토 페이스트를 넣고 약한 불에서 신맛이 제거되도록 볶는다.

조리과정 미네스트로니 수프

10 **9**에 물 2C, 월계수잎, 정향을 넣고 끓이다가 베이컨, 토마토, 스파게티, 스트링 빈스, 완두콩 넣고 끓여 농도가 맞으면 소금, 검은 후춧가루를 간하고 월계수잎, 정향은 건져낸다.

11 완성 그릇에 담고 파슬리 찹을 올린다.

수프 조리

16. 피시차우더 수프
Fish Chowder Soup

시험시간 **30분**

피시차우더 수프

재료

- 대구살 50g [해동지급]
- 감자(150g) 1/4개
- 베이컨(길이 25~30cm) 1/2조각
- 양파(중, 150g) 1/6개
- 셀러리 30g
- 버터(무염) 20g
- 밀가루(중력분) 15g
- 우유 200mL
- 소금(정제염) 2g
- 흰후춧가루 2g
- 정향 1개
- 월계수잎 1잎

요구사항

※ 주어진 재료를 사용하여 다음과 같이 피시차우더 수프를 만드시오.

가. 차우더 수프는 화이트 루(roux)를 이용하여 농도를 맞추시오.
나. 채소는 0.7cm×0.7cm×0.1cm, 생선은 1cm×1cm×1cm 크기로 써시오.
다. 대구살을 이용하여 생선스톡을 만들어 사용하시오.
라. 수프는 200mL 이상 제출하시오.

만드는 법

1. 베이컨을 끓는 물에 데친다.
2. 데친 베이컨을 사방 0.7×0.7×0.1cm로 썬다.
3. 감자, 양파, 셀러리는 사방 0.7×0.7×0.1cm로 썰고 감자는 찬물에 담근다.
4. 생선 살은 사방 1×1cm로 썬다.
5. 냄비에 물 2C을 넣고 월계수 잎, 정향, 양파를 넣어 끓으면 생선 살을 체에 담아 익힌 다음 국물은 면포에 걸러 피시 스톡을 만든다.
6. 팬에 버터를 두르고 베이컨, 양파, 감자, 셀러리 순서로 볶는다.
7. 냄비에 버터와 밀가루를 1:1.5 비율로 넣어 볶아 화이트루를 만들어 스톡 1C을 조금씩 넣어 저어 덩어리 없이 끓인다.(부피 1:1.5, 무게 1:1 비율)

   tip 화이트루를 볶을 때 약한 불에서 색이 나지 않게 볶아야 수프 색이 흰색이 된다.

   tip 화이트루에 따뜻한 스톡을 조금씩 넣어 가며 잘 저어주고 완전히 풀린 다음 우유를 넣는다.

8. 7에 우유를 일부 넣고 볶은 감자, 양파, 셀러리, 베이컨을 넣어 끓여 소금으로 간한다.
9. 나머지 우유를 넣어 농도 조절 후 생선 살과 흰 후춧가루, 소금으로 간하여 200ml 이상 완성 그릇에 담아낸다.

합격 point

1. 수프는 흰색이 되게 하고 농도를 알맞게 끓여 200ml 이상 담아낸다.
2. 익힌 생선 살은 완성 직전에 넣어야 부서지지 않는다.

조리과정 피시차우더 수프

1 베이컨을 끓는 물에 데친다.

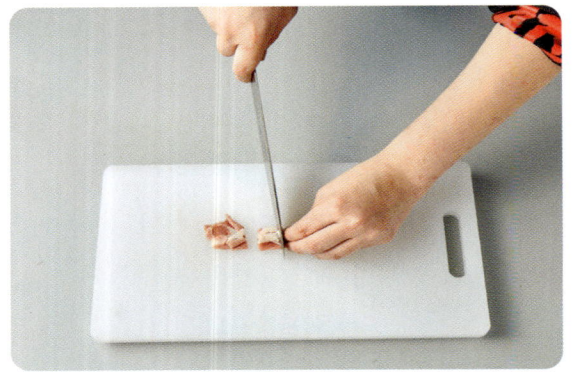

2 데친 베이컨을 사방 0.7×0.7×0.1cm로 썬다.

3 감자, 양파, 셀러리는 사방 0.7×0.7×0.1cm로 썰고 감자는 찬물에 담근다.

4 생선 살은 사방 1×1cm로 썬다.

조리과정 피시차우더 수프

5 냄비에 물 2C을 넣고 월계수 잎, 정향, 양파를 넣어 끓으면 생선 살을 체에 담아 익힌 다음 국물은 면포에 걸러 피시 스톡을 만든다.

6 팬에 버터를 두르고 베이컨, 양파, 감자, 셀러리 순서로 볶는다.

조리과정 피시차우더 수프

7 냄비에 버터와 밀가루를 1:1.5 비율로 넣어 볶아 화이트루를 만들어 스톡 1C을 조금씩 넣어 저어 덩어리 없이 끓인다.(부피 1:1.5, 무게 1:1 비율)

tip 화이트루를 볶을 때 약한 불에서 색이 나지 않게 볶아야 수프 색이 흰색이 된다.

tip 화이트루에 따뜻한 스톡을 조금씩 넣어가며 잘 저어주고 완전히 풀린 다음 우유를 넣는다.

9 나머지 우유를 넣어 농도 조절 후 생선 살과 흰 후춧가루, 소금으로 간하여 200ml 이상 완성 그릇에 담아낸다.

8 **7**에 우유를 일부 넣고 볶은 감자, 양파, 셀러리, 베이컨을 넣어 끓여 소금으로 간한다.

수프 조리

17. 프렌치 어니언 수프
French onion soup

시험시간 **30분**

프렌치 어니언 수프

재료

- 양파(중, 150g) 1개
- 바게트빵 1조각
- 버터(무염) 20g
- 소금(정제염) 2g
- 검은후춧가루 1g
- 파마산치즈가루 10g
- 백포도주 15mL
- 마늘(중, 깐 것) 1쪽
- 파슬리(잎, 줄기포함) 1줄기
- 맑은 스톡
  (비프스톡 또는 콘소메) 270mL
  [물로 대체 가능]

요구사항 ※ 주어진 재료를 사용하여 다음과 같이 프렌치 어니언 수프를 만드시오.

가. 양파는 5cm 크기의 길이로 일정하게 써시오.
나. 바게트빵에 마늘버터를 발라 구워서 따로 담아내시오.
다. 수프의 양은 200mL 이상 제출하시오.

만드는 법

1. 파슬리는 찬물에 담근다.
2. 마늘은 곱게 다진다.
3. 파슬리는 곱게 다져 면포에 싸서 물에 헹군 후 보슬보슬한 가루로 만든다.
4. 양파는 5cm 길이로 채 썰어 놓는다.
5. 버터, 다진 마늘, 파슬리 찹을 섞은 다음 바게트빵에 발라 팬에 구워 마늘빵을 만들어 파마산 치즈가루를 얹는다.
6. 냄비에 버터를 두르고 양파를 볶으면서 물을 1T씩 넣어 가며 진한 갈색이 될 때까지 볶는다.

   tip 양파를 볶을 때 냄비 바닥에 색이 나면 물을 조금씩 넣어 타지 않고 양파가 고루 색이 나도록 볶는다.

7. 6에 화이트 와인 1T을 넣고 물 2C을 넣어 끓이다가 거품 및 불순물을 제거해주고 소금, 검은 후춧가루로 간을 한다.

   tip 끓으면 약한 불에서 거품을 제거하면서 탁하지 않도록 끓인다.

8. 완성 그릇에 수프를 200ml 이상 담고 마늘빵은 따로 담아 완성한다.

합격 point

1. 양파를 5cm 길이에 일정한 굵기로 썬다.
2. 양파 볶을 때 물을 많이씩 넣으면 탁한 갈색이 된다.

조리과정 프렌치 어니언 수프

1 파슬리는 찬물에 담근다.

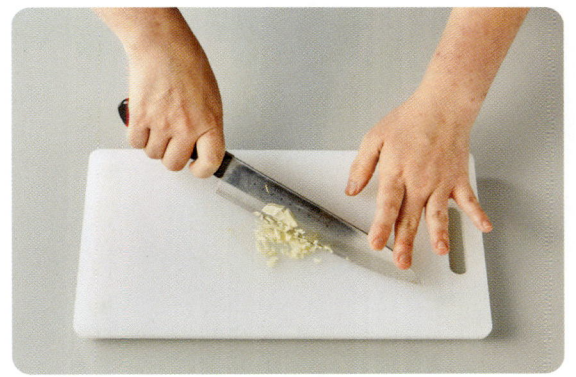

2 마늘은 곱게 다진다.

3 파슬리는 곱게 다져 면포에 싸서 물에 헹군 후 보슬보슬한 가루로 만든다.

4 양파는 5cm 길이로 채 썰어 놓는다.

조리과정 프렌치 어니언 수프

5 버터, 다진 마늘, 파슬리 찹을 섞은 다음 바게트빵에 발라 팬에 구워 마늘빵을 만들어 파마산 치즈가루를 얹는다.

6 냄비에 버터를 두르고 양파를 볶으면서 물을 1T씩 넣어 가며 진한 갈색이 될 때까지 볶는다.

tip 양파를 볶을 때 냄비 바닥에 색이 나면 물을 조금씩 넣어 타지 않고 양파가 고루 색이 나도록 볶는다.

조리과정 프렌치 어니언 수프

7 6 에 화이트 와인 1T을 넣고 물 2C을 넣어 끓이다가 거품 및 불순물을 제거해주고 소금, 검은 후춧가루로 간을 한다.

tip 끓으면 약한 불에서 거품을 제거하면서 탁하지 않도록 끓인다.

8 완성 그릇에 수프를 200ml 이상 담고 마늘빵은 따로 담아 완성한다.

수프 조리

18. 포테이토 크림수프
Potato cream Soup

시험시간 **30분**

포테이토 크림수프

재료

- 감자(200g) 1개
- 대파(흰부분, 10cm) 1토막
- 양파(중, 150g) 1/4개
- 버터(무염) 15g
- 치킨 스톡 270mL
  [물로 대체 가능]
- 생크림(동물성) 20mL
- 식빵(샌드위치 용) 1조각
- 소금(정제염) 2g
- 흰후춧가루 1g
- 월계수잎 1잎

요구사항

※ 주어진 재료를 사용하여 다음과 같이 포테이토 크림수프를 만드시오.

가. 크루톤(crouton)의 크기는 사방 0.8cm~1cm로 만들어 버터에 볶아 수프에 띄우시오.
나. 익힌 감자는 체에 내려 사용하시오.
다. 수프의 색과 농도에 유의하고 200mL 이상 제출하시오.

만드는 법

1. 감자는 채 썰거나 얇게 썰어 물에 담가 전분을 뺀다.
2. 양파와 대파는 채 썬다.
3. 식빵은 0.8×1cm 주사위 모양으로 썰어 팬에 버터를 두른 후 구워 크루톤을 만든다.
4. 냄비에 버터를 두르고 양파, 대파 넣고 볶다가 감자를 넣고 투명하게 볶는다.

   > **tip** 감자와 양파는 색이 나지 않도록 볶는다.

5. 4에 물 3C, 월계수 잎을 넣고 끓여 감자를 푹 익힌다.
6. 감자가 푹 익으면 월계수 잎을 건져 내고 체에 내린다.

   > **tip** 감자를 체에 내릴 때 수저를 사용하면 색이 검게 되므로 나무 주걱으로 내린다.

7. 체에 내린 감자를 끓여 농도가 맞으면 생크림 2T, 소금, 흰 후춧가루를 넣어 살짝 끓여 완성 그릇에 담고 크루톤을 올려 완성한다.

   > **tip** 쿠루톤은 5개 정도 얹는다.(많이 넣으면 농도가 되직하게 된다)

합격 point

1. 감자는 전분을 제거하여 볶아야 눋지 않고 투명하게 볶을 수 있다.
2. 재료를 충분히 익혀야 체에 내리기 쉽다.
3. 포테이토 크림수프 농도가 질면 크루톤을 조금 더 넣고 잘 맞으면 5개 정도 넣는다.

조리과정 포테이토 크림수프

1 감자는 채 썰거나 얇게 썰어 물에 담가 전분을 뺀다.

2 양파와 대파는 채 썬다.

3 식빵은 0.8×1cm 주사위 모양으로 썰어 팬에 버터를 두른 후 구워 크루톤을 만든다.

4 냄비에 버터를 두르고 양파, 대파 넣고 볶다가 감자를 넣고 투명하게 볶는다.

tip 감자와 양파는 색이 나지 않도록 볶는다.

조리과정 포테이토 크림수프

5 **4**에 물 3C, 월계수 잎을 넣고 끓여 감자를 푹 익힌다.

6 감자가 푹 익으면 월계수 잎을 건져 내고 체에 내린다.

tip 감자를 체에 내릴 때 수저를 사용하면 색이 검게 되므로 나무 주걱으로 내린다.

7 체에 내린 감자를 끓여 농도가 맞으면 생크림 2T, 소금, 흰 후춧가루를 넣어 살짝 끓여 완성 그릇에 담고 크루톤을 올려 완성한다.

tip 쿠루톤은 5개 정도 얹는다.
(많이 넣으면 농도가 되직하게 된다)

육류 조리

19. 치킨알라킹
Chicken ALaking

시험시간 30분

치킨알라킹

재료

- 닭다리(한 마리 1.2kg) 1개 [허벅지살 포함 반마리 지급 가능]
- 청피망(중, 75g) 1/4개
- 홍피망(중, 75g) 1/6개
- 양파(중, 150g) 1/6개
- 양송이(20g) 2개
- 버터(무염) 20g
- 밀가루(중력분) 15g
- 우유 150mL
- 정향 1개
- 생크림(동물성) 20mL
- 소금(정제염) 2g
- 흰후춧가루 2g
- 월계수잎 1잎

요구사항 ※ 주어진 재료를 사용하여 다음과 같이 치킨알라킹을 만드시오.

가. 완성된 닭고기와 채소, 버섯의 크기는 1.8cm×1.8cm로 균일하게 하시오.
나. 닭 뼈를 이용하여 치킨 육수를 만들어 사용하시오.
다. 화이트 루(roux)를 이용하여 베샤멜소스(bechamel sauce)를 만들어 사용하시오.

만드는 법

1. 닭 다리는 뼈에서 살을 분리해 주고 껍질을 제거한 다음 사방 2.2cm 썰고 뼈는 찬물에 담가 핏물을 제거한다.
2. 냄비에 물 2C, 닭 뼈, 양파, 월계수잎, 정향을 넣고 끓여 면포에 걸러 치킨 육수를 만든다.
3. 양파, 청피망, 홍피망 사방 1.8cm 썰고 양송이는 4~6등분하여 썰어 놓는다.
4. 팬에 버터를 두르고 양파, 청피망, 홍피망, 양송이 닭고기 순서로 각각 볶는다.
5. 냄비에 버터, 밀가루를 1:1.5 비율로 넣어 약한 불에서 볶아 화이트 루를 만든다.(부피 1:1.5, 무게 1:1 비율)
6. 치킨 육수 1C을 조금씩 넣어 가며 잘 풀어 멍울이 없으면 우유와 생크림을 넣고 베샤멜 소스를 만들어 볶은 채소와 닭고기를 넣어 끓인다.

   tip 화이트루는 색이 나지 않도록 볶고 따뜻한 육수를 조금씩 넣어 가면서 잘 저어 멍울 없도록 베샤멜소스를 만든다.

7. 농도가 맞으면 소금, 흰 후춧가루로 간을 하여 담는다.

   tip 건더기와 소스 비율은 3:1로 담는다.

합격 point

1. 루 볶을 때 색이 나지 않도록 볶고 엉을이 생기지 않게 스톡을 조금씩 넣어 가며 잘 저어 풀어가며 끓인다.
2. 소스의 농도는 수프보다 약간 되직하게 만들고 건더기가 2/3 소스가 1/3 비율로 담는다.

조리과정 치킨알라킹

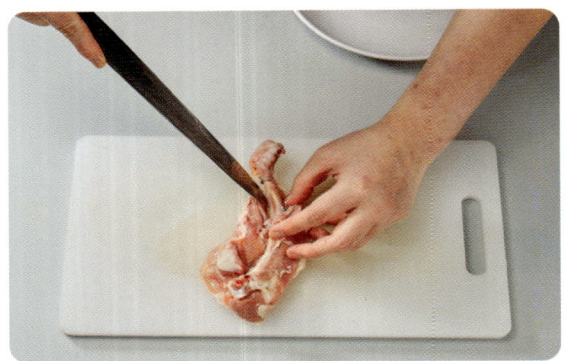

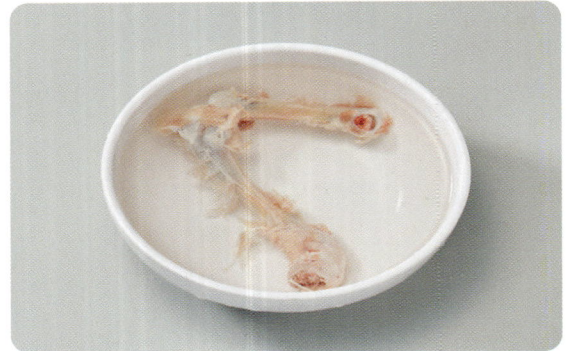

1 닭 다리는 뼈에서 살을 분리해 주고 껍질을 제거한 다음 사방 2.2cm 썰고 뼈는 찬물에 담가 핏물을 제거한다.

2 냄비에 물 2C, 닭 뼈, 양파, 월계수잎, 정향을 넣고 끓여 면포에 걸러 치킨 육수를 만든다.

3 양파, 청피망, 홍피망 사방 1.8cm 썰고 양송이는 4~6등분하여 썰어 놓는다.

4 팬에 버터를 두르고 양파, 청피망, 홍피망, 양송이 닭고기 순서로 각각 볶는다.

조리과정 치킨알라킹

5 냄비에 버터, 밀가루를 1:1.5 비율로 넣어 약한 불에서 볶아 화이트 루를 만든다.(부피 1:1.5, 무게 1:1 비율)

6 치킨 육수 1C을 조금씩 넣어 가며 잘 풀어 멍울이 없으면 우유와 생크림을 넣고 베샤멜소스를 만들어 볶은 채소와 닭고기를 넣어 끓인다.

tip 화이트루는 색이 나지 않도록 볶고 따뜻한 육수를 조금씩 넣어 가면서 잘 저어 멍울 없도록 베샤멜소스를 만든다.

7 농도가 맞으면 소금, 흰 후춧가루로 간을 하여 담는다.

tip 건더기와 소스 비율은 3:1로 담는다.

육류 조리

20. 치킨커틀렛
Chicken Cutlet

시험시간 **30분**

치킨커틀렛

재료

- 닭다리(한마리 1.2kg) 1개
  [허벅지살 포함 반마리 지급 가능]
- 달걀 1개
- 밀가루(중력분) 30g
- 빵가루(마른 것) 50g
- 소금(정제염) 2g
- 검은후춧가루 2g
- 식용유 500mL
- 냅킨(흰색, 기름제거용) 2장

요구사항 ※ 주어진 재료를 사용하여 다음과 같이 치킨커틀렛을 만드시오.

가. 닭은 껍질째 사용하시오.
나. 완성된 커틀렛의 색에 유의하고 두께는 1cm로 하시오.
다. 딥팻후라이(deep fat frying)로 하시오.

만드는 법

1. 닭 다리는 뼈에서 살을 분리한다.
2. 닭 다리 살은 기름과 힘줄을 제거한 후 껍질에 칼집을 넣고 칼등으로 두드려 0.5cm 두께로 연육해 준다.

   tip 힘줄을 잘 제거하고 껍질 쪽에 칼끝으로 칼집을 넣어 많이 두드려 오그라들지 않도록 한다.

   tip 튀기면 두꺼워지므로 0.5cm 두께로 손질하면 1cm 완성품이 된다.

3. 소금, 검은 후춧가루로 밑간하고 밀가루, 달걀, 빵가루 순으로 입혀 170℃ 기름에 노릇하게 튀긴다.
4. 튀긴 닭고기를 키친타월에 기름기를 제거하여 완성 접시에 담아낸다.

합격 point

1. 닭 껍질째 사용한다.
2. 튀김 온도는 160~170℃에서 속까지 잘 익힌다.
3. 힘줄을 제거하지 않으면 완성품이 편편하지 않다.
4. 밀가루, 달걀, 빵가루 입혀 바로 튀기면 튀김이 들뜨고 벗겨지므로 10분 이상 지난 다음 튀긴다.

조리과정 치킨커틀렛

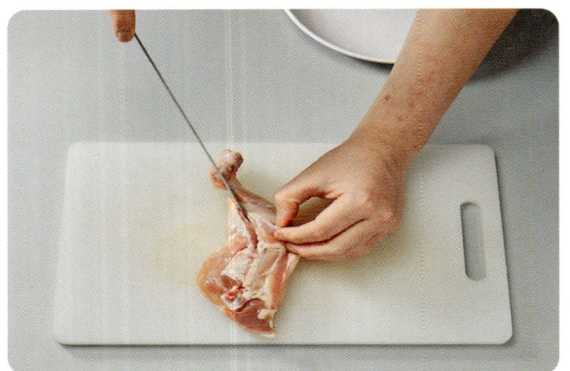

1 닭 다리는 뼈에서 살을 분리한다.

2 닭 다리 살은 기름과 힘줄을 제거한 후 껍질에 칼집을 넣고 칼등으로 두드려 0.5cm 두께로 연육해 준다.

tip 힘줄을 잘 제거하고 껍질 쪽에 칼끝으로 칼집을 넣어 많이 두드려 오그라들지 않도록 한다.

tip 튀기면 두꺼워지므로 0.5.cm 두께로 손질하면 1cm 완성품이 된다.

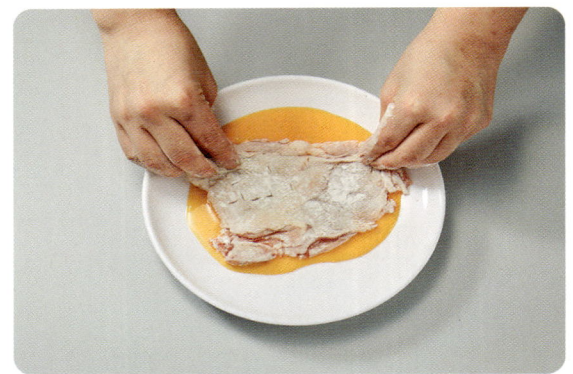

3 소금, 검은 후춧가루로 밑간하고 밀가루, 달걀, 빵가루 순으로 입혀 170℃ 기름에 노릇하게 튀긴다.

4 튀긴 닭고기를 키친타월에 기름기를 제거하여 완성 접시에 담아낸다.

육류 조리

21. 비프스튜
beef stew

시험시간
40분

비프스튜

재료

- 소고기(살코기) 100g [덩어리]
- 당근 70g
  [둥근 모양이 유지되게 등분]
- 양파(중, 150g) 1/4개
- 셀러리 30g
- 감자(150g) 1/3개
- 마늘(중, 깐 것) 1쪽
- 토마토 페이스트 20g
- 밀가루(중력분) 25g
- 버터(무염) 30g
- 소금(정제염) 2g
- 검은후춧가루 2g
- 파슬리(잎, 줄기포함) 1줄기
- 월계수잎 1잎
- 정향 1개

요구사항

※ 주어진 재료를 사용하여 다음과 같이 비프스튜를 만드시오.

가. 완성된 소고기와 채소의 크기는 1.8cm의 정육면체로 하시오.
나. 브라운 루(brown roux)를 만들어 사용하시오.
다. 파슬리 다진 것을 뿌려 내시오.

만드는 법

1. 파슬리는 찬물에 담근다.
2. 양파, 감자, 당근, 셀러리는 사방 1.8cm 주사위 모양으로 썰어 모서리를 다듬어 준다.
3. 마늘은 곱게 다진다.
4. 파슬리는 곱게 다져 면포에 싸서 물에 헹군 후 보슬보슬한 가루로 만든다.
5. 소고기는 사방 2.2cm 주사위 모양으로 썰어 소금, 검은 후춧가루로 밑간하고 밀가루를 입혀 준다.
6. 팬에 버터를 두르고 양파, 감자, 당근, 셀러리를 볶는다.
7. 팬에 버터를 두르고 소고기를 노릇하게 익힌다.
8. 냄비에 버터, 밀가루를 1:1.5 비율로 넣어 볶아 브라운 루를 만들어 토마토 페이스트를 넣고 타지 않게 볶은 다음 물 3C, 소고기, 채소, 다진 마늘, 월계수 잎, 정향을 넣고 끓인다.

   tip 브라운 루를 진한 갈색으로 타지 않게 볶는다.

9. 거품을 제거하며 농도 조절 후 소금, 검은 후춧가루로 간을 맞춘다.
10. 월계수 잎과 정향은 건져 내고 완성 그릇에 담아 파슬리 찹을 올린다.

    tip 건더기와 소스 비율을 3:1로 담는다.

합격 point

1. 당근 감자는 모서리를 다듬어 완전히 익힌다.
2. 농도와 색에 주의한다.

조리과정 비프스튜

1 파슬리는 찬물에 담근다.

3 마늘은 곱게 다진다.

2 양파, 감자, 당근, 셀러리는 사방 1.8cm 주사위 모양으로 썰어 모서리를 다듬어 준다.

4 파슬리는 곱게 다져 면포에 싸서 물에 헹군 후 보슬보슬한 가루로 만든다.

조리과정 비프스튜

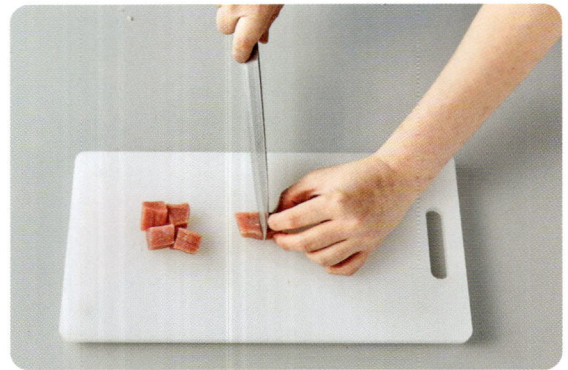

5 소고기는 사방 2.2cm 주사위 모양으로 썰어 소금, 검은 후춧가루로 밑간하고 밀가루를 입혀 준다.

6 팬에 버터를 두르고 양파, 감자, 당근, 셀러리를 볶는다.

7 팬에 버터를 두르고 소고기를 노릇하게 익힌다.

조리과정 비프스튜

9 거품을 제거하며 농도 조절 후 소금, 검은 후 춧가루로 간을 맞춘다.

8 냄비에 버터, 밀가루를 1:1.5 비율로 넣어 볶아 브라운 루를 만들어 토마토 페이스트를 넣고 타지 않게 볶은 다음 물 3C, 소고기, 채소, 다진 마늘, 월계수 잎, 정향을 넣고 끓인다.
tip 브라운 루를 진한 갈색으로 타지 않게 볶는다.

10 월계수 잎과 정향은 건져 내고 완성 그릇에 담아 파슬리 찹을 올린다.
tip 건더기와 소스 비율을 3:1로 담는다.

육류 조리

22. 살리스버리스테이크
Salisbury Steak

시험시간 **40분**

살리스버리스테이크

재료

- 소고기(살코기) 130g [갈은 것]
- 양파(중, 150g) 1/6개
- 달걀 1개
- 우유 10mL
- 빵가루(마른 것) 20g
- 소금(정제염) 2g
- 검은후춧가루 2g
- 식용유 150mL
- 감자(150g) 1/2개
- 당근 70g [둥근 모양이 유지되게 등분]
- 시금치 70g
- 흰설탕 25g
- 버터(무염) 50g

요구사항 ※ 주어진 재료를 사용하여 다음과 같이 살리스버리스테이크를 만드시오.

가. 살리스버리 스테이크는 타원형으로 만들어 고기 앞, 뒤의 색을 갈색으로 구우시오.
나. 더운 채소(당근, 감자, 시금치)를 각각 교양 있게 만들어 곁들여 내시오.

만드는 법

1. 양파는 곱게 다진다.
2. 감자는 5×1×1cm로 썰어 데친 다음 수분을 제거하여 기름에 튀겨 소금을 뿌린다.
3. 당근은 지름 3~4cm, 두께 0.5cm로 썰어 모서리를 다듬어 비쉬 모양 만들어 데친다.
4. 냄비에 버터, 물 3T, 설탕 1/2T를 넣고 데친 당근을 졸여서 글레이징 한다.
5. 시금치는 데친 다음 찬물에 헹구고 5cm 길이로 썰어 수분을 제거한다.
6. 팬에 버터를 두르고 다진 양파를 볶아 1/2T를 남겨 시금치를 넣고 볶은 후 소금으로 간하고 나머지는 덜어내어 소고기에 넣는다.
7. 소고기는 핏물을 제거하고 다져서 소금, 검은 후춧가루, 볶은 양파, 우유, 빵가루, 달걀물 1t을 넣고 섞은 후 잘 치대어 0.7cm두께의 럭비공 모양으로 만든다.

   tip 고기는 곱게 더 다져서 부재료를 넣고 충분히 치대야 부서지지 않고 모양이 예쁘게 된다.

   tip 고기 반죽이 되면 갈라지고 질면 모양을 만들기 힘들므로 농도에 유의한다.

8. 팬에 기름 두른 후 살리스버리를 웰던으로 구워준다.
9. 완성 접시에 당근, 감자, 시금치를 담고 소고기를 담아낸다.

합격 *point*

1. 고기를 다지면서 기름 덩어리를 제거해야 모양이 예쁘게 된다.
2. 고기를 타지 않도록 익힌다.

조리과정 살리스버리스테이크

1 양파는 곱게 다진다.

3 당근은 지름 3~4cm, 두께 0.5cm로 썰어 모서리를 다듬어 비쉬 모양 만들어 데친다.

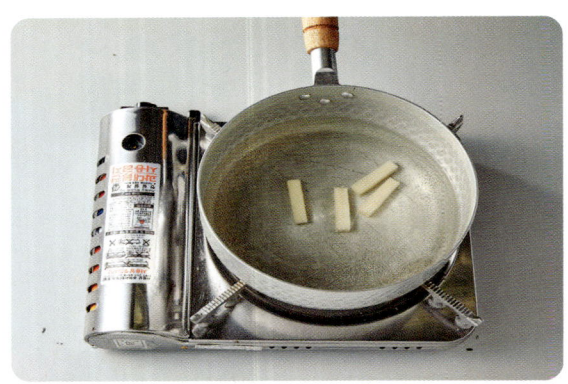

4 냄비에 버터, 물 3T, 설탕 1/2T를 넣고 데친 당근을 졸여서 글레이징 한다.

2 감자는 5×1×1cm로 썰어 데친 다음 수분을 제거하여 기름에 튀겨 소금을 뿌린다.

5 시금치는 데친 다음 찬물에 헹구고 5cm 길이로 썰어 수분을 제거한다.

조리과정 살리스버리스테이크

6 팬에 버터를 두르고 다진 양파를 볶아 1/2T 를 남겨 시금치를 넣고 볶은 후 소금으로 간 하고 나머지는 덜어내어 소고기에 넣는다.

7 소고기는 핏물을 제거하고 다져서 소금, 검은 후춧가루, 볶은 양파, 우유, 빵가루, 달걀물 1t을 넣고 섞은 후 잘 치대어 0.7cm 두께의 럭비공 모양으로 만든다.

tip 고기는 곱게 더 다져서 부재료를 넣고 충분히 치대야 부서지지 않고 모양이 예쁘게 된다.

tip 고기 반죽이 되면 갈라지고 질면 모양을 만들기 힘들므로 농도에 유의한다.

8 팬에 기름 두른 후 살리스버리를 웰던으로 구워준다.

9 완성 접시에 당근, 감자, 시금치를 담고 소고기를 담아낸다.

육류 조리

23. 서로인스테이크
Sirloin Steak

시험시간 **30분**

서로인스테이크

재료

- 소고기(등심) 200g [덩어리]
- 감자(150g) 1/2개
- 당근 70g
  [둥근 모양이 유지되게 등분]
- 시금치 70g
- 소금(정제염) 2g
- 검은후춧가루 1g
- 식용유 150mL
- 버터(무염) 50g
- 흰설탕 25g
- 양파(중, 150g) 1/6개

요구사항 ※ 주어진 재료를 사용하여 다음과 같이 서로인스테이크를 만드시오.

가. 스테이크는 미디움(medium)으로 구우시오.
나. 더운 채소(당근, 감자, 시금치)를 각각 모양 있게 만들어 함께 내시오.

만드는 법

1. 양파는 곱게 다진다.
2. 감자는 5×1×1cm로 썰어 데친 후 수분을 제거하여 기름에 튀겨 소금을 뿌린다.
3. 당근은 지름 4cm, 두께 0.5cm로 썰어 모서리를 다듬어 비쉬 모양으로 만들어 데친 후 냄비에 버터, 물 3T, 설탕 1/2T를 넣고 졸여서 글레이징 한다.
4. 시금치는 데쳐 찬물에 헹군 다음 5cm 길이로 썰어 수분을 제거한다.
5. 팬에 버터를 두르고 다진 양파를 볶다가 시금치를 넣고 볶아 소금으로 간한다.
6. 소고기는 핏물과 힘줄을 제거하고 모양을 다듬은 다음 연육하여 소금, 검은 후춧가루로 간한다.
7. 팬에 식용유, 버터를 두르고 소고기를 미디움으로 굽는다.

   tip 센 불에서 겉면을 익혀 단백질을 응고시키고 약불에서 육즙이 빠지지 않도록 미디움으로 익힌다.

8. 완성 접시에 당근, 감자, 시금치 담고 소고기 담아 완성한다.

합격 point
1. 스테이크를 미리 구우면 마른다.
2. 센 불에서 앞뒤를 약간 색이 나도록 익히고 약한 불에서 육즙이 빠지지 않도록 미디움으로 굽는다.

조리과정 서로인스테이크

1 양파는 곱게 다진다.

2 감자는 5×1×1cm로 썰어 데친 후 수분을 제거하여 기름에 튀겨 소금을 뿌린다.

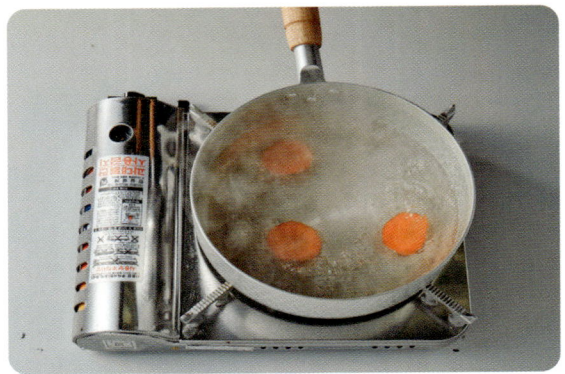

3 당근은 지름 4cm, 두께 0.5cm로 썰어 모서리를 다듬어 비쉬 모양으로 만들어 데친 후 냄비에 버터, 물 3T, 설탕 1/2T를 넣고 졸여서 글레이징 한다.

4 시금치는 데쳐 찬물에 헹군 다음 5cm 길이로 썰어 수분을 제거한다.

조리과정 서로인스테이크

5 팬에 버터를 두르고 다진 양파를 볶다가 시금치를 넣고 볶아 소금으로 간한다.

7 팬에 식용유, 버터를 두르고 소고기를 미디움으로 굽는다.

tip 센 불에서 겉면을 익혀 단백질을 응고시키고 약불에서 육즙이 빠지지 않도록 미디움으로 익힌다.

6 소고기는 핏물과 힘줄을 제거하고 모양을 다듬은 다음 연육하여 소금, 검은 후춧가루로 간한다.

8 완성 접시에 당근, 감자, 시금치 담고 소고기 담아 완성한다.

육류 조리

24. 바베큐폭찹
Barbecued Pork Chop

시험시간 **40분**

바베큐폭찹

요구사항 ※ 주어진 재료를 사용하여 다음과 같이 바베큐폭찹을 만드시오.

가. 고기는 뼈가 붙은 채로 사용하고 고기의 두께는 1cm로 하시오.
나. 양파, 셀러리, 마늘은 다져 소스로 만드시오.
다. 완성된 소스는 농도에 유의하고 윤기가 나도록 하시오.

재료

- 돼지갈비(살두께 5cm 이상, 뼈를 포함한 길이 10cm) 200g
- 토마토케첩 30g
- 우스터 소스 5mL
- 황설탕 10g
- 양파(중, 150g) 1/4개
- 소금(정제염) 2g
- 검은후춧가루 2g
- 셀러리 30g
- 핫소스 5mL
- 버터(무염) 10g
- 식초 10mL
- 월계수잎 1잎
- 밀가루(중력분) 10g
- 레몬 1/6개 [길이(장축)로 등분]
- 마늘(중, 깐 것) 1쪽
- 비프스톡(육수) 200mL [물로 대체 가능]
- 식용유 30mL

만드는 법

1. 돼지갈비는 뼈가 붙은 상태에서 0.7cm 정도의 두께로 포를 뜬 후 연육하고 소금, 후춧가루로 밑간한다.

   tip 뼈에 갈빗살이 떨어지지 않도록 포를 뜨고 칼끝으로 칼집을 넣고 칼등으로 연육하여 편편하게 만든다.

2. 돼지갈비에 밀가루를 입혀 팬에 식용유를 두르고 노릇하게 지진다.
3. 마늘, 양파, 셀러리는(섬유질 저거) 곱게 다져 놓는다.
4. 냄비에 버터를 두르고 마늘, 양파, 셀러리를 볶는다.
5. 4에 케첩 2T, 우스터소스 1t, 황설탕 2t, 식초 1t, 핫소스 1t, 레몬즙, 물 2C, 월계수잎을 넣어 끓으면 거품을 제거하고 돼지갈비를 넣고 졸여준다.

   tip 소스가 고기에서 흘러내리지 않고 윤기 나는 농도로 조린다.

6. 소금, 후춧가루로 간을 맞춘 후 월계수 잎은 건져낸다.
7. 완성 접시에 돼지갈비를 담고 소스를 끼얹어 완성한다.

합격 point

1. 돼지갈비를 포를 편편하게 뜨고 힘줄을 제거하여 칼끝으로 끊어지지 않게 연육을 잘하여야 익어도 편편하게 된다.
2. 소스의 농도를 주의한다.
3. 익으면 두꺼워지므로 요구사항보다 얇게 포를 뜬다.

조리과정 바베큐폭찹

1 돼지갈비는 뼈가 붙은 상태에서 0.7cm 정도의 두께로 포를 뜬 후 연육하고 소금, 후춧가루로 밑간한다.

tip 뼈에 갈빗살이 떨어지지 않도록 포를 뜨고 칼끝으로 칼집을 넣고 칼등으로 연육하여 편편하게 만든다.

2 돼지갈비에 밀가루를 입혀 팬에 식용유를 두르고 노릇하게 지진다.

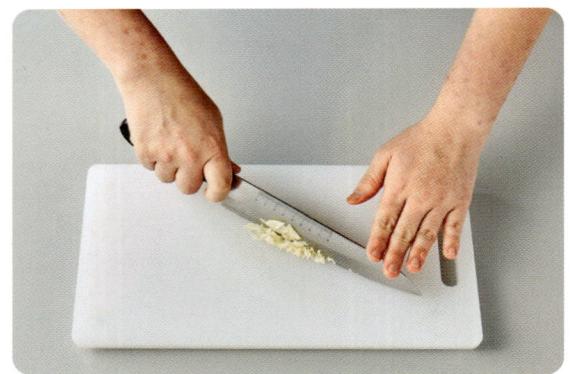

3 마늘, 양파, 셀러리는(섬유질 제거) 곱게 다져 놓는다.

4 냄비에 버터를 두르고 마늘, 양파, 셀러리를 볶는다.

조리과정 바베큐폭찹

5. 4 에 케첩 2T, 우스터소스 1t, 황설탕 2t, 식초 1t, 핫소스 1t, 레몬즙, 물 2C, 월계수잎을 넣어 끓으면 거품을 제거하고 돼지갈비를 넣고 졸여준다.

 tip 소스가 고기에서 흘러내리지 않고 윤기나는 농도로 조린다.

7. 완성 접시에 돼지갈비를 담고 소스를 끼얹어 완성한다.

6. 소금, 후춧가루로 간을 맞춘 후 월계수 잎은 건져 낸다.

파스타 조리

25. 스파게티카르보나라
Spaghetti Carbonara

시험시간
30분

스파게티카르보나라

재료

- 스파게티면(건조 면) 80g
- 올리브 오일 20mL
- 버터(무염) 20g
- 생크림(동물성) 180mL
- 베이컨(길이 25~30cm) 1조각
- 달걀 1개
- 파마산 치즈가루 10g
- 파슬리(잎, 줄기 포함) 1줄기
- 소금(정제염) 5g
- 검은통후추 5개
- 식용유 20mL

요구사항 ※ 주어진 재료를 사용하여 다음과 같이 스파게틱카르보나라를 만드시오.

가. 스파게티 면은 al dente(알 덴테)로 삶아서 사용하시오.
나. 파슬리는 다지고 통후추는 곱게 으깨서 사용하시오.
다. 베이컨은 1cm 정도 크기로 썰어, 으깬 통후추와 볶아서 향이 잘 우러나게 하시오.
라. 생크림은 달걀노른자를 이용한 리에종(liaison)과 소스에 사용하시오.

만드는 법

1. 파슬리는 찬물에 담근다.
2. 끓는 물에 소금 1/2T, 식용유 1T, 스파게티면을 넣어서 7~8분 끓여 알 덴테로 삶아 건져 식용유로 코팅해 준다.
3. 베이컨은 1cm로 썰어 놓는다.
4. 파슬리는 곱게 다져 면포에 싸서 물에 헹군 후 보슬보슬한 가루로 만든다.
5. 검은 통후추는 다져준다.
6. 생크림 2T, 달걀노른자를 섞어 리에종을 만든다.
7. 팬에 버터와 올리브오일을 넣고 베이컨, 다진 통후추를 넣어 볶는다.
8. 7에 스파게티면을 넣고 볶다가 생크림을 넣고 살짝 끓인 후 불을 끄고 리에종을 넣어 잘 섞어준다.

   > **tip** 생크림을 넣고 오래 볶으면 기름이 분리된다.
   > **tip** 농도가 되면 면수를 조금 넣어 조절한다.
   > **tip** 리에종 소스는 불을 끄고 넣어야 기름이 분리되지 않는다.

9. 완성 접시에 스파게티면을 담고 파마산 치즈가루, 파슬리 찹을 올려 완성한다.

합격 point

1. 리에종 소스에 달걀노른자가 익지 않도록 주의한다.

조리과정 스파게티카르보나라

1 파슬리는 찬물에 담근다.

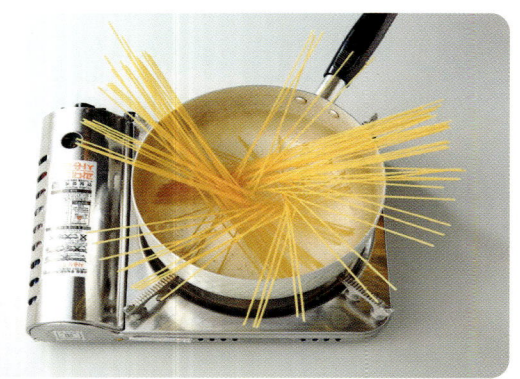

2 끓는 물에 소금 1/2T, 식용유 1T, 스파게티 면을 넣어서 7~8분 끓여 알 덴테로 삶아 건져 식용유로 코팅해 준다.

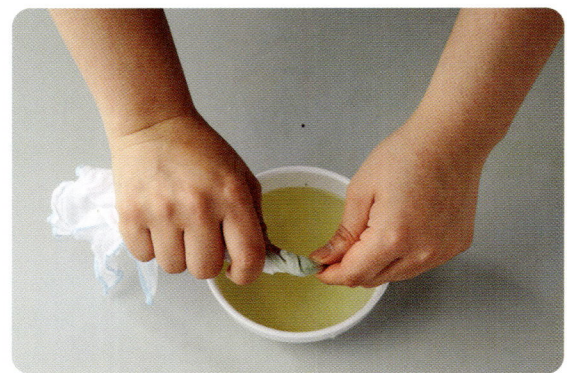

4 파슬리는 곱게 다져 면포에 싸서 물에 헹군 후 보슬보슬한 가루로 만든다.

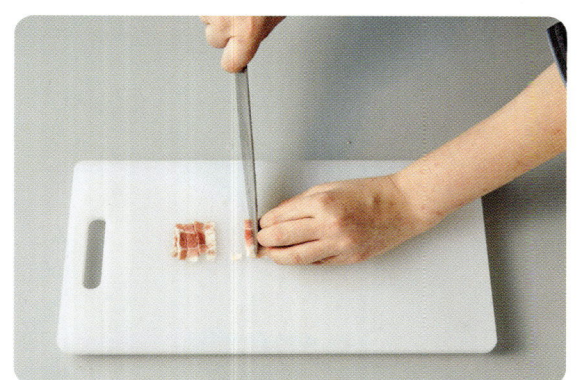

3 베이컨은 1cm로 썰어 놓는다.

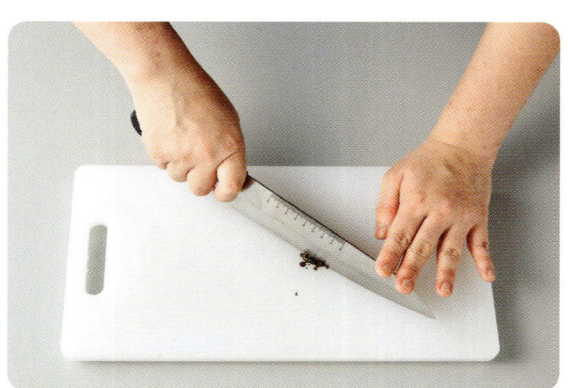

5 검은 통후추는 다져준다.

조리과정 스파게티카르보나라

6 생크림 2T, 달걀노른자를 섞어 리에종을 만든다.

8 **7**에 스파게티면을 넣고 볶다가 생크림을 넣고 살짝 끓인 후 불을 끄고 리에종을 넣어 잘 섞어준다.

> *tip* 생크림을 넣고 오래 볶으면 기름이 분리된다.
> *tip* 농도가 되면 면수를 조금 넣어 조절한다.
> *tip* 리에종 소스는 불을 끄고 넣어야 기름이 분리되지 않는다.

7 팬에 버터와 올리브오일을 넣고 베이컨, 다진 통후추를 넣어 볶는다.

9 완성 접시에 스파게티면을 담고 파마산 치즈가루, 파슬리 찹을 올려 완성한다.

파스타 조리

26. 토마토소스해산물 스파게티

Seafood spaghetti tomato sauce

시험시간 **35분**

토마토소스해산물스파게티

재료

- 스파게티면(건조 면) 70g
- 토마토(캔)(홀필드, 국물 포함) 300g
- 마늘 3쪽
- 양파(중, 150g) 1/2개
- 바질(신선한 것) 4잎
- 파슬리(잎, 줄기 포함) 1줄기
- 방울토마토(붉은색) 2개
- 올리브 오일 40mL
- 새우(껍질 있는 것) 3마리
- 모시조개(지름 3cm) 3개 [바지락 대체 가능]
- 오징어(몸통) 50g
- 관자살(50g) 1개 [작은관자 3개]
- 화이트 와인 20mL
- 소금 5g
- 흰후춧가루 5g
- 식용유 20mL

요구사항 ※ 주어진 재료를 사용하여 다음과 같이 토마토소스해산물스파게티를 만드시오.

가. 스파게티 면은 al dente(알 덴테)로 삶아서 사용하시오.
나. 조개는 껍질째, 새우는 껍질을 벗겨 내장을 제거하고, 관자살은 편으로 썰고, 오징어는 0.8cm×5cm 크기로 썰어 사용하시오.
다. 해산물은 화이트와인을 사용하여 조리하고, 마늘과 양파는 해산물 조리와 토마토소스 조리에 나누어 사용하시오.
라. 바질을 넣은 토마토소스를 만들어 사용하시오.
마. 스파게티는 토마토소스에 버무리고 다진 파슬리와 슬라이스 한 바질을 넣어 완성하시오.

만드는 법

1. 모시조개는 소금물에 담가 해감한다.
2. 양파와 마늘은 다져 1/2씩 나누어 놓는다.
3. 바질은 채 썰어 1/2씩 나누어 놓는다.
4. 파슬리는 곱게 다진 후 면포에 싸서 물에 헹군 후 보슬보슬한 가루로 만든다.
5. 방울토마토는 2~4등분하여 썰어 놓는다.
6. 끓는 물에 소금과 식용유를 넣고 스파게티면을 넣어 7~8분간 알 덴테로 삶은 후 올리브 오일로 코팅한다.
7. 토마토(캔)는 다져서 놓는다.
8. 새우는 내장, 머리, 껍질을 제거하고, 관자는 막을 제거한 후 0.5cm 두께로 편 썬다.
9. 오징어는 껍질 제거 후 칼집을 넣어 5×0.8cm 썰어 놓는다.
10. 팬에 올리브오일을 두르고 다진 마늘, 다진 양파를 넣고 볶다가 다진 토마토(캔)를 넣고 볶는다.
11. 10에 바질, 소금, 흰 후춧가루를 넣고 끓여 토마토소스를 만든다.
12. 팬에 올리브오일을 두르고 다진 마늘, 다진 양파 넣고 볶다가 해산물과 화이트 와인을 넣고 볶은 후 토마토소스를 넣고 끓인다.
13. 12에 스파게티를 넣고 버무린 후 방울토마토, 소금, 흰 후춧가루로 간한 다음 접시에 담고 파슬리 찹과 바질을 올린다.

합격 point

1. 해물이 잘 익도록 주의하고 소스와 스파게티면이 잘 어우러지게 완성한다.

조리과정 토마토소스해산물스파게티

1 모시조개는 소금물에 담가 해감한다.

2 양파와 마늘은 다져 1/2씩 나누어 놓는다.

3 바질은 채 썰어 1/2씩 나누어 놓는다.

4 파슬리는 곱게 다진 후 면포에 싸서 물에 헹군 후 보슬보슬한 가루로 만든다.

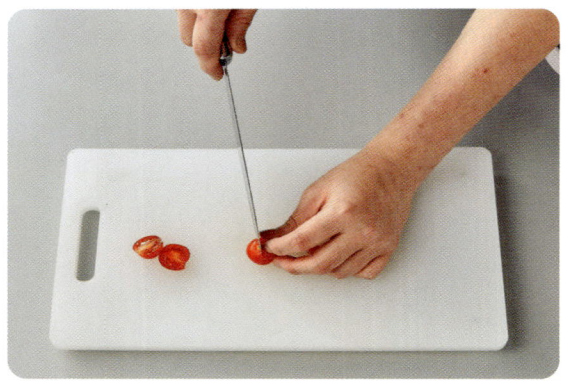

5 방울토마토는 2~4등분하여 썰어 놓는다.

조리과정 토마토소스해산물스파게티

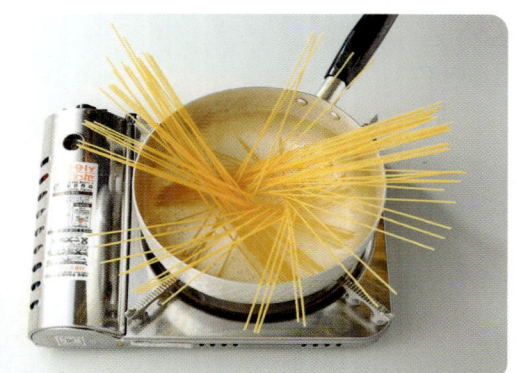

8 새우는 내장, 머리, 껍질을 제거하고, 관자는 막을 제거한 후 0.5cm 두께로 편 썬다.

6 끓는 물에 소금과 식용유를 넣고 스파게티면을 넣어 7~8분간 알 덴테로 삶은 후 올리브오일로 코팅한다.

9 오징어는 껍질 제거 후 칼집을 넣어 5×0.8cm 썰어 놓는다.

7 토마토(캔)는 다져서 놓는다.

10 팬에 올리브오일을 두르고 다진 마늘, 다진 양파를 넣고 볶다가 다진 토마토(캔)를 넣고 볶는다.

조리과정 토마토소스해산물스파게티

11 **10**에 바질, 소금, 흰 후춧가루를 넣고 끓여 토마토소스를 만든다.

12 팬에 올리브오일을 두르고 다진 마늘, 다진 양파 넣고 볶다가 해산물과 화이트 와인을 넣고 볶은 후 토마토소스를 넣고 끓인다.

13 **12**에 스파게티를 넣고 버무린 후 방울토마토, 소금, 흰 후춧가루로 간한 다음 접시에 담고 파슬리 찹과 바질을 올린다.

소스 조리

27. 이탈리안미트소스
Italian Meat Sauce

시험시간
30분

이탈리안미트소스

재료

- 양파(중, 150g) 1/2개
- 소고기(살코기) 60g[갈은 것]
- 마늘 1쪽
- 토마토(캔)(고형물) 30g
- 버터(무염) 10g
- 토마토 페이스트 30g
- 월계수잎 1잎
- 파슬리(잎, 줄기 포함) 1줄기
- 소금(정제염) 2g
- 검은후춧가루 2g
- 셀러리 30g

요구사항 ※ 주어진 재료를 사용하여 다음과 같이 이탈리안미트소스를 만드시오.

가. 모든 재료는 다져서 사용하시오.
나. 그릇에 담고 파슬리 다진 것을 뿌려내시오.
다. 소스는 150mL 이상 제출하시오.

만드는 법

1. 파슬리는 찬물에 담근다.
2. 마늘, 양파, 셀러리(섬유질 제거), 토마토(캔)는 다진다.
3. 파슬리는 곱게 다져 면포에 싸서 물에 헹군 후 보슬보슬한 가루로 만든다.
4. 냄비에 버터를 두르고 마늘, 양파 넣고 볶다가 소고기를 넣어 볶은 후 셀러리를 넣어 볶는다.
5. 4에 토마토 페이스트 2T, 토마토(캔)를 넣어 잘 볶은 후 물 2C, 파슬리 줄기와 월계수 잎을 넣고 거품과 기름을 제거하며 끓인다.

   tip 토마토 페이스트를 넣고 충분히 볶아야 신맛이 없어진다.

6. 걸쭉한 농도가 되면 파슬리 줄기와 월계수 잎을 건져 내고 소금, 검은 후춧가루로 간을 하여 완성 그릇에 담고 파슬리 찹을 올려 완성한다.

   tip 기름과 거품을 잘 제거하고 150ml 이상 제출한다.

합격 point

1. 재료는 곱게 다지고 소스의 농도와 양을 주의한다.

조리과정 이탈리안미트소스

1 파슬리는 찬물에 담근다.

2 마늘, 양파, 셀러리(섬유질 제거), 토마토(캔)는 다진다.

3 파슬리는 곱게 다져 면포에 싸서 물에 헹군 후 보슬보슬한 가루로 만든다.

조리과정 이탈리안미트소스

4 냄비에 버터를 두르고 마늘, 양파 넣고 볶다가 소고기를 넣어 볶은 후 셀러리를 넣어 볶는다.

5 4에 토마토 페이스트 2T, 토마토(캔)를 넣어 잘 볶은 후 물 2C, 파슬리 줄기와 월계수 잎을 넣고 거품과 기름을 제거하며 끓인다.

tip 토마토 페이스트를 넣고 충분히 볶아야 신맛이 없어진다.

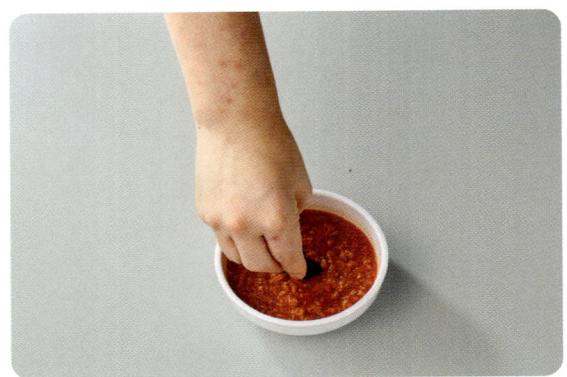

6 걸쭉한 농도가 되면 파슬리 줄기와 월계수 잎을 건져 내고 소금, 검은 후춧가루로 간을 하여 완성 그릇에 담고 파슬리 찹을 올려 완성한다.

tip 기름과 거품을 잘 제거하고 150ml 이상 제출한다.

소스 조리

28. 홀렌다이즈소스
hollandaise sauce

시험시간 **25분**

홀렌다이즈소스

재료

- 달걀 2개
- 양파(중. 150g) 1/8개
- 식초 20mL
- 검은통후추 3개
- 버터(무염) 200g
- 레몬 1/4개 [길이(장축)로 등분]
- 월계수잎 1잎
- 파슬리(잎, 줄기포함) 1줄기
- 소금(정제염) 2g
- 흰후춧가루 1g

요구사항 ※ 주어진 재료를 사용하여 다음과 같이 홀렌다이즈소스를 만드시오.

가. 양파, 식초를 이용하여 허브 에센스(herb essence)를 만들어 사용하시오.
나. 정제 버터를 만들어 사용하시오.
다. 소스는 중탕으로 만들어 굳지 않게 그릇에 담아내시오.
라. 소스는 100mL 이상 제출하시오.

만드는 법

1. 양파는 채 썰고 검은 통후추는 으깬다.
2. 물 1/2C, 식초 1T, 양파, 레몬, 월계수 잎, 검은 통후추, 파슬리 줄기를 넣고 3T 정도로 졸여 체에 내려 허브 에센스를 만든다.
3. 냄비에 물을 끓인 다음 그릇에 버터를 담아 중탕으로 녹여 가라앉은 불순물과 거품을 제거하여 정제 버터를 만든다.

   tip 녹인 버터가 뜨거우면 달걀이 익어서 소스가 분리되고 차가우면 단단하게 굳는다.

4. 달걀노른자에 허브 에센스 1T를 넣고 잘 풀어준 다음 정제 버터를 조금씩 넣어 가며 거품기로 한 방향으로 저어준다.
5. 레몬즙으로 농도를 맞추고 소금, 흰 후춧가루로 간하여 완성 그릇에 100ml 이상 담아낸다.

   tip 레몬즙이 부족할 경우 허브 에센스로 농도를 맞춘다.

   tip 추운 날에는 팬에 면포를 펴놓고 중탕으로 온도(40℃ 정도)를 유지하면서 만든다.

합격 point

1. 미리 만들면 굳을 수 있으므로 나중에 만들면 좋다.
2. 버터를 조금씩 넣어 가며 한 방향으로 저어 만든다.
3. 농도는 버터와 에센스로 잘 조절하면서 만든다.

조리과정 홀렌다이즈소스

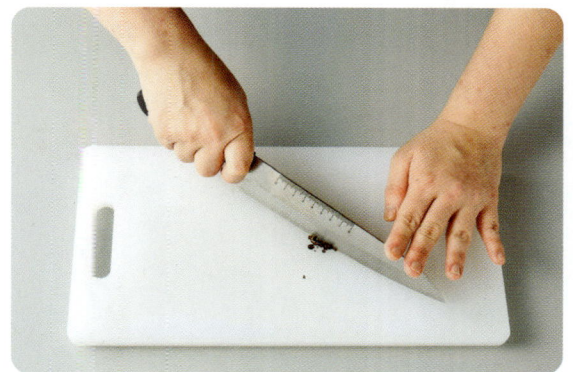

1 양파는 채 썰고 검은 통후추는 으깬다.

3 냄비에 물을 끓인 다음 그릇에 버터를 담아 중탕으로 녹여 가라앉은 불순물과 거품을 제거하여 정제 버터를 만든다.

tip 녹인 버터가 뜨거우면 달걀이 익어서 소스가 분리되고 차가우면 단단하게 굳는다.

2 쿨 1/2C, 식초 1T, 양파, 레몬, 월계수 잎, 검은 통후추, 파슬리 줄기를 넣고 3T 정도로 졸여 체에 내려 허브 에센스를 만든다.

조리과정 홀렌다이즈소스

4 달걀노른자에 허브 에센스 1T를 넣고 잘 풀어준 다음 정제 버터를 조금씩 넣어 가며 거품기로 한 방향으로 저어준다.

5 레몬즙으로 농도를 맞추고 소금, 흰 후춧가루로 간하여 완성 그릇에 100ml 이상 담아낸다.

tip 레몬즙이 부족할 경우 허브 에센스로 농도를 맞춘다.

tip 추운 날에는 팬에 면포를 펴놓고 중탕으로 온도(40℃ 정도)를 유지하면서 만든다.

소스 조리

29. 브라운그래비소스
Brown Gravy Sauce

시험시간 **30분**

브라운그래비소스

요구사항 ※ 주어진 재료를 사용하여 다음과 같이 브라운그래비소스를 만드시오.

가. 브라운 루(brown roux)를 만들어 사용하시오.
나. 채소와 토마토 페이스트를 볶아서 사용하시오.
다. 소스의 양은 200mL 이상 제출하시오.

재료

- 밀가루(중력분) 20g
- 브라운 스톡 300mL
  [물로 대체 가능]
- 소금(정제염) 2g
- 검은후춧가루 1g
- 버터(무염) 30g
- 양파(중, 150g) 1/6개
- 셀러리 20g
- 당근 40g
  [둥근 모양이 유지되게 등분]
- 토마토 페이스트 30g
- 월계수잎 1잎
- 정향 1개

만드는 법

1. 냄비에 버터와 밀가루 1 : 1.5 비율로 넣어 갈색으로 볶아 브라운 루를 만든다.

   tip 브라운 루를 진한 갈색으로 타지 않게 볶는다.

2. 양파, 당근, 셀러리는 채 썰어 팬에 버터를 두르고 갈색으로 볶는다.

3. 2에 토마토 페이스트를 넣고 약한 불에서 타지 않게 볶다가 브라운 루를 섞어준다.

4. 3에 물을 넣어 잘 풀어준 다음 월계수 잎, 정향을 넣고 끓여 농도 조절 후 소금과 검은 후춧가루로 간한다.

5. 4를 체에 내려 200ml 이상 완성 그릇에 담아낸다.

   tip 체에 내린 브라운 그래비 소스의 농도가 묽을 경우 다시 냄비에 넣고 끓여 농도를 조절한다.

합격 point

1. 소스의 농도는 스테이크 소스 농도 색을 진한 갈색으로 만든다.
2. 미리 만들 경우 농도를 조금 묽게 만든다.
   (루가 들어가는 소스는 미리 만들면 되직하게 된다)

조리과정 브라운그래비소스

1 냄비에 버터와 밀가루 1 : 1.5 비율로 넣어 갈색으로 볶아 브라운 루를 만든다.

tip 브라운 루를 진한 갈색으로 타지 않게 볶는다.

3 **2**에 토마토 페이스트를 넣고 약한 불에서 타지 않게 볶다가 브라운 루를 섞어준다.

2 양파, 당근, 셀러리는 채 썰어 팬에 버터를 두르고 갈색으로 볶는다.

조리과정 브라운그래비소스

4 **3** 에 물을 넣어 잘 풀어준 다음 월계수 잎, 정향을 넣고 끓여 농도 조절 후 소금과 검은 후춧가루로 간한다.

5 **4** 를 체에 내려 200ml 이상 완성 그릇에 담아낸다.

tip 체에 내린 브라운 그래비 소스의 농도가 묽을 경우 다시 냄비에 넣고 끓여 농도를 조절한다.

소스 조리

30. 타르타르소스
Tartar Sauce

시험시간
20분

타르타르소스

재료

- 마요네즈 70g
- 오이피클(개당 25~30g) 1/2개
- 양파(중, 150g) 1/10개
- 파슬리(잎, 줄기포함) 1줄기
- 달걀 1개
- 소금(정제염) 2g
- 흰후춧가루 2g
- 레몬 1/4개[길이(장축)로 등분]
- 식초 2mL

요구사항 ※ 주어진 재료를 사용하여 다음과 같이 타르타르소스를 만드시오.

가. 다지는 재료는 0.2cm 크기로 하고 파슬리는 줄기를 제거하여 사용하시오.
나. 소스는 농도를 잘 맞추어 100mL 이상 제출하시오.

만드는 법

1. 파슬리는 찬물에 담근다.
2. 달걀은 찬물에서부터 소금, 식초를 넣어 물이 끓기 시작하면 15분 동안 삶아 찬물에 식혀 껍질을 벗긴 후 흰자는 0.2cm의 크기로 다지고 노른자는 체에 내린다.
3. 양파는 0.2cm의 크기로 다져 소금물에 담가 매운맛을 제거한다.
4. 오이피클은 0.2cm의 크기로 다져서 수분을 제거한다.
5. 파슬리는 곱게 다져 면포에 싸서 물에 헹군 후 보슬보슬한 가루로 만든다.
6. 달걀흰자, 마요네즈, 양파, 오이피클, 소금, 흰 후춧가루, 파슬리 찹을 넣어 섞고 레몬즙, 식초, 달걀노른자로 농도 조절 후 100ml 이상 완성 그릇에 담아 다진 파슬리 가루를 약간 올려 완성한다.

합격 point

1. 모든 재료는 곱게 다진다.
2. 소스를 그릇에 담고 그릇을 흔들어서 수평이 되는 농도로 만든다. (생선 커트렛, 튀김 종류 소스로 활용)
3. 파슬리는 색을 보면서 너무 푸르지 않게 조정하여 넣는다.

조리과정 타르타르소스

1 파슬리는 찬물에 담근다.

2 달걀은 찬물에서부터 소금, 식초를 넣어 물이 끓기 시작하면 15분 동안 삶아 찬물에 식혀 껍질을 벗긴 후 흰자는 0.2cm의 크기로 다지고 노른자는 체에 내린다.

3 양파는 0.2cm의 크기로 다져 소금물에 담가 매운맛을 제거한다.

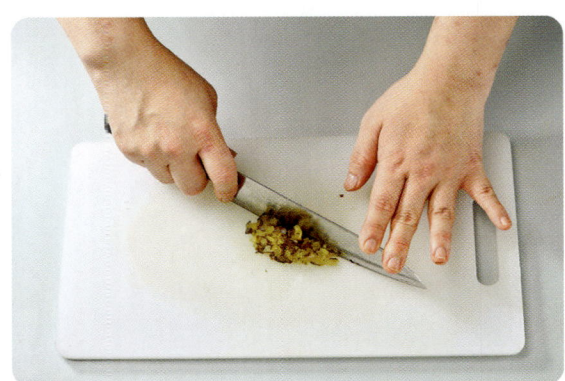

4 오이피클은 0.2cm의 크기로 다져서 수분을 제거한다.

조리과정 타르타르소스

5 파슬리는 곱게 다져 면포에 싸서 물에 헹군 후 보슬보슬한 가루로 만든다.

6 달걀흰자, 마요네즈, 양파, 오이피클, 소금, 흰 후춧가루, 파슬리 찹을 넣어 섞고 레몬즙, 식초, 달걀노른자로 농도 조절 후 100ml 이상 완성 그릇에 담아 다진 파슬리 가루를 약간 올려 완성한다.

핵심정리 핸드북 (요점정리)

양식조리기능사

브라운스톡 (30분)

1. 소뼈 : 기름기 제거 - 찬물에 담가 핏물 제거
2. 사세데피스 : 월계수 잎, 정향, 다임, 파슬리 줄기, 으깬 통후추 다시백에 넣어 실로 묶기
3. 토마토 : 칼집 넣어 데치기 - 껍질과 씨를 제거 - 굵게 다지기
4. 양파, 당근, 셀러리 - 얇게 썰기
5. 채소 : 버터 넣고 갈색 나도록 볶다가 토마토 넣고 볶기
6. 소뼈 : 식용유 넣고 갈색 나게 굽기,
7. 냄비 : 볶은 채소, 소뼈, 사세데피스, 물 3컵 넣고 끓으면 약불에서 끓이기
8. 면포에 걸러 완성그릇에 담아 제출(200ml)

쉬림프카나페 (30분)

1. 달걀 : 찬물에 소금 넣고 굴려 가며 삶기(15분) - 찬물에 식히기 - 0.5cm 두께로 4쪽 썰기
2. 식빵 : 4등분 - 4cm 정도의 원형 만들기 - 팬에 앞뒤로 구워 버터 바르기
3. 당근, 양파, 셀러리 : 채썰기
4. 새우 : 물, 미르포아(양파, 당근, 셀러리, 레몬, 파슬리 줄기) 끓으면 새우 넣어 익히기 - 껍질, 머리 제거 후 등 쪽에 칼집 넣기
5. 케첩 1T + 레몬즙, 흰 후춧가루 - 소스 만들기
6. 식빵 위에 삶은 달걀을 올리고 새우와 소스를 얹고 파슬리 올려 완성 그릇에 담아 제출

프렌치프라이드 쉬림프(25분)

1. 새우 : 내장, 머리, 물총 제거 - 꼬리 한마디 남기고 껍질 제거 - 배 쪽에 칼집 - 손으로 힘줄 끊기 - 소금, 흰 후춧가루
2. 달걀 : 흰자 머랭 치기
3. 반죽 : 물 1T, 노른자, 소금, 설탕 1t, 밀가루 3T, 흰자 머랭 2T
4. 새우에 밀가루, 튀김반죽 입혀 160℃에 튀기기 - 키친타월에 기름 제거
5. 완성 그릇에 새우를 담고 파슬리 부케와 레몬을 곁들여 제출

참치타르타르 (30분)

1. 롤라로사, 그린치커리, 처빌, 딜 : 찬물에 담그기
2. 차이브 : 데치기
3. 참치 : 염수에 해동 후 수분 제거 - 3~4mm 정도의 주사위 모양 썰기
4. 참치타르타르 : 다진 양파, 다진 케이퍼, 다진 올리브, 다진 처빌, 핫소스 1/2t, 소금 약간, 흰 후춧가루, 올리브오일 - 참치와 섞어 퀜넬 모양 만들기
5. 비네그레트소스 : 오이, 양파, 붉은색 파프리카(일부), 노란색 파프리카 - 2mm의 주사위 모양으로 다져주고 파슬리찹, 다진 딜, 올리브오일 2T, 식초 1T, 레몬즙, 소금 약간, 흰 후춧가루
6. 샐러드 부케 : 붉은색 파프리카 채, 노란색 파프리카 채, 그린 치커리, 롤라로사 - 데친 차이브로 묶기
7. 샐러드부케, 참치타르타르, 비네그레트소스 보기 좋게 담아 제출

BLT샌드위치
(30분)

1. 양상추 : 찬물에 담갔다가 수분 제거하기
2. 토마토 : 0.5cm 두께 썰기- 소금, 후춧가루 뿌려 수분 제거하기
3. 베이컨 : 팬에 구워 키친타월에 기름기 제거하기
4. 식빵 : 토스트 하기 – 식혀서 마요네즈 바르기
5. 식빵과 재료들을 이용하여 샌드위치를 만들기
6. 식빵 가장자리 자르고 ×자로 4등분하여 완성 그릇에 담아 제출

햄버거샌드위치
(30분)

1. 양상추 : 찬물에 담갔다가 수분 제거하기
2. 토마토 : 0.5cm 두께 썰기 – 소금, 후춧가루 뿌려 수분 제거하기
3. 양파 : 0.5cm 두께 링으로 썰기 – 수분 제거하기
4. 양파 일부, 셀러리 : 곱게 다지기 – 팬에 각각 볶기
5. 소고기: 핏물 제거하여 다지기 – 볶은 양파, 볶은 셀러리, 소금, 후춧가루, 빵가루, 달걀물 넣고 치대기(빵보다 1cm 크게, 두께는 0.8cm로 동그란 모양)
6. 빵 : 버터 바른 후 굽기
7. 팬 : 식용유 넣고 패티 굽기(미디움 웰던)
8. 구운 빵 위에 양상추 – 고기패티 – 토마토 – 양파 – 빵 순서로 올려 햄버거를 만들고 반으로 잘라 완성 그릇에 담아 제출

월도프샐러드
(20분)

1. 양상추 : 찬물에 담갔다가 수분 제거하기
2. 호두 : 끓는 물에 불려 이쑤시개로 속껍질을 제거 – 1cm의 주사위 모양 썰고 자투리는 다지기
3. 사과 : 사방 1cm의 주사위 모양 썰기- 레몬즙 물에 담그기
4. 셀러리 : 사방 1cm의 주사위 모양 썰기
5. 사과, 셀러리, 호두, 마요네즈, 레몬즙, 소금, 흰 후춧가루 섞어 버무리기 – 양상추를 깐 완성 그릇에 담고 다진 호두 뿌려서 제출

포테이토샐러드
(30분)

1. 파슬리 : 찬물에 담그기
2. 감자 : 사방 1cm 주사위 모양 썰어 찬물에 담그기 – 끓는 물에 소금 넣어 삶기 – 식히기
3. 양파 : 곱게 다져서 소금물에 담가 매운맛, 수분 제거하기
4. 파슬리 : 다지기 – 면포에 싸서 물에 헹구기
5. 마요네즈, 다진 양파, 파슬리찹, 소금, 흰 후춧가루를 섞어 드레싱 만들기 – 감자에 버무려 완성 그릇에 담고 파슬리찹 뿌려서 제출

사우전아일랜드 드레싱(20분)

1. 달걀 : 찬물에 소금 넣고 삶기(15분) -찬물에 식히기
2. 흰자는 0.2cm의 크기로 다지고 노른자는 체에 내리기
3. 양파 : 0.2cm 다져서 소금물에 담가 수분, 매운맛 제거하기
4. 피망, 오이피클 : 0.2cm 다지기 - 수분 제거하기
5. 달걀흰자, 마요네즈, 케첩, 양파, 오이피클, 소금, 흰 후춧가루, 파슬리찹, 레몬즙, 식초, 달걀노른자 섞은 후 완성 그릇에 담아 제출

해산물샐러드 (30분)

1. 롤라로사, 양상추, 실파, 그린 치커리는 찬물에 담그기
2. 미르포아(당근, 양파, 셀러리) 채 썰고 실파, 마늘, 레몬, 월계수잎, 흰 통후추를 넣어 쿠르부용 끓이기
3. 홍합 : 족사 제거 - 중합과 같이 소금물에 담가 해감하기
4. 관자 : 막 제거 후 0.5cm 두께로 편 썰어 쿠르부용에 익히기
5. 홍합, 중합 쿠르부용에 삶아 껍질을 제거
6. 새우 : 내장 제거 후 쿠르부용에 삶아 머리, 껍질, 꼬리 제거하기
7. 레몬비네그레트 : 올리브오일 2T, 다진 양파 1T, 다진 딜, 다진 마늘 1/2t, 식초 1T, 레몬즙, 소금, 흰 후춧가루
8. 완성 그릇에 샐러드 채소와 해산물 담고 레몬 비네그레트를 부려 제출

시저샐러드 (35분)

1. 식빵 : 1×1cm로 썰어 카놀라 오일 두른 후 볶기
2. 베이컨 : 0.5cm로 썰어 마른 팬에 구워 키친타월에 기름기 제거하기
3. 마요네즈 : 달걀노른자 2개에 카놀라유 조금씩 넣어 가며 서 한 방향으로 젓기 - 화이트와인식초 레몬즙, 디존머스터드 1/2t, 소금 넣어 그릇에 100ml 담기
4. 시저 드레싱 : 남은 마요네즈 + 다진 마늘 1/2T, 다진 엔초비, 디존머스타드 1t, 소금, 검은 후춧가루, 올리브오일, 레몬즙, 파미지아노 레기아노 1t 넣어 100ml 담기
5. 로메인 : 수분 제거 후 한 입 크기로 썰기 - 남은 시저드레싱에 버무려 담기
6. 베이컨, 크루통을 얹고 파미지아노 레기아노 치즈를 강판으로 갈아 뿌려 제출

스페니쉬오믈렛 (30분)

1. 토마토 : 칼집 넣어 데치기 - 껍질과 씨를 제거 후 사방 0.5cm 썰기
2. 베이컨 : 데친 후 사방 0.5cm 썰기
3. 양파, 양송이, 청피망은 사방 0.5cm 썰기
4. 달걀 + 생크림 1T + 소금 - 체에 내리기
5. 팬에 버터 넣고 베이컨, 양파, 양송이, 토마토, 청피망 수서로 볶기 - 케첩 1T, 소금, 검은 후춧가루 넣고 볶아 속 재료 만들기
6. 오믈렛 팬 -식용유, 버터 - 달걀 넣어 나무젓가락으로 저어 스크램블 - 속 재료 넣고 럭비공 모양 만들기 - 완성 그릇에 담아 제출

치즈오믈렛 (20분)

1. 치즈는 사방 0.5cm 썰기
2. 달걀 + 생크림 1T + 소금 – 체에 내려 치즈 1/2 섞기
3. 오믈렛 팬 –식용유, 버터 – 달걀 넣어 나무젓가락으로 저어 스크램블 – 치즈 넣고 럭비공 모양 만들기 – 완성 그릇에 담아 제출

비프콘소메 (40분)

1. 토마토 : 칼집 넣어 데치기 – 껍질과 씨를 제거 후 굵게 다지기
2. 어니언브루리 : 양파 밑 부분 썰어 갈색으로 굽기
3. 나머지 양파와 당근, 셀러리는 채 썰기
4. 달걀 : 흰자 머랭 치기
5. 머랭, 소고기, 당근, 셀러리, 파슬리 줄기, 월계수 잎, 정향, 검은 통후추, 토마토를 섞기
6. 냄비에 물 3~4C 넣고 어니언브루리, 섞은 재료 넣고 끓으면 도넛 모양 만들기
7. 6)에 소금, 검은 후춧가루 넣고 면포에 거르기 – 완성 그릇에 담아 제출(200ml)

미네스트로니 수프(30분)

1. 마늘 : 다지기
2. 스트링 빈스 : 1.2cm 길이로 썰기
3. 완두콩 : 데쳐서 헹구기
4. 토마토 : 칼집 넣어 데치기 – 껍질과 씨를 제거 후 사방 1.2cm로 썰기
5. 스파게티 : 삶아 1.2cm로 썰기
6. 베이컨 : 데쳐서 사방 1.2cm로 썰기
7. 당근, 무, 양파, 셀러리, 양배추 : 1.2cm×1.2cm×0.2cm로 썰기
8. 파슬리 : 다져서 면포에 싸서 물에 헹구기
9. 냄비에 버터 넣고 양파, 무, 당근, 셀러리, 마늘 넣고 볶기 – 토마토 페이스트 넣고 볶기
10. 9.에 물 2C, 월계수잎, 정향, 베이컨, 토마토 넣고 끓이기
11. 스파게티, 스트링 빈스, 완두콩, 소금, 검은 후춧가루 넣고 끓이기– 월계수잎, 정향은 건지기
12. 완성 그릇에 담아 파슬리챱 올린 후 제출(200ml)

피시차우더 수프(30분)

1. 베이컨 : 데쳐서 사방 0.7×0.7×0.1cm로 썰기
2. 감자, 양파, 셀러리 : 사방 0.7×0.7×0.1cm로 썰어 감자는 찬물에 담그기
3. 생선살 : 사방 1×1cm로 썰기
4. 냄비에 물 2C, 월계수잎, 정향, 양파 끓으면 생선 살 익으면 건져 내고 국물 면포에 거르기
5. 팬에 버터 넣고 베이컨, 양파, 감자, 셀러리 순서로 볶기
6. 버터 1T 밀가루 1.5T를 볶다가 스톡 조금씩 넣어 멍울 없이 끓이기– 우유 1C 넣고 볶은 감자, 양파, 셀러리, 베이컨 넣고 끓이기 – 농도 조절 후 생선 살, 소금, 흰 후춧가루 넣고 끓이기 – 완성 그릇에 담아 제출(200ml)

프렌치어니언 수프(30분)

1. 마늘 – 다지기
2. 파슬리 : 다지기 – 면포에 싸서 물에 헹구기
3. 양파 : 5cm 길이 채썰기
4. 버터, 다진 마늘, 파슬리챱 썩어 바게트 빵에 바르기 – 팬에 굽기
   – 빵에 파마산 치즈가루 얹기
5. 냄비에 버터 넣고 양파 볶으면서 물을 1T씩 넣어 가며 진한 갈색이 될 때까지 볶기 – 화이트 와인 1T 놓고 볶기 – 물 2C 넣고 끓이면서 거품 제거 – 소금, 검은 후춧가루 넣고 완성 그릇에 담아 제출(200ml)
6. 마늘빵은 따로 담아 제출

포테이토크림 수프(30분)

1. 감자 : 채 썰어 찬물에 담그기
2. 양파, 대파 : 채썰기
3. 식빵 : 1cm×1cm로 썰어 팬에 버터 두른 후 구워 크루통 만들기
4. 냄비에 버터 넣고 양파, 대파 볶다가 감자 넣어 투명하게 볶기
5. 감자에 물 3C, 월계수 잎 넣고 끓이기
6. 감자가 푹 익으면 월계수 잎 건져 내고 체에 내리기
7. 6)에 생크림 2T, 소금, 흰 후춧가루 – 완성 그릇에 담아 크루통 올려 제출(200ml)

치킨알라킹 (30분)

1. 닭 다리 : 뼈에서 살을 분리 – 껍질 제거 – 닭살은 사방 2.2cm 썰고 뼈는 찬물에 담가 핏물 제거
2. 냄비에 물 2C, 닭 뼈, 양파, 월계수 잎, 정향 넣고 끓으면 면포에 거르기
3. 양파, 청피망, 홍피망 : 사방 1.8cm로 썰기
4. 양송이 : 4~6등분으로 썰기
5. 팬에 버터 넣고 양파, 청피망, 홍피망, 양송이 닭고기 순서로 각각 볶기
6. 화이트 루 볶기(버터 : 밀가루 = 1 : 1.5)
7. 6.에 치킨 육수 조금씩 넣어 멍울이 풀고, 우유와 생크림 넣고 볶은 채소와 닭고기 넣어 끓이기
8. 농도 조절 후 소금, 흰 후춧가루 넣어 완성 그릇에 담아 제출

치킨커틀렛 (30분)

1. 닭 다리 살과 뼈 분리하기
2. 닭고기 기름과 힘줄 제거 – 껍질에 칼집 넣고 칼등으로 두드려 0.5cm 두께로 만들기
3. 소금, 후추 밑간 후 닭고기에 밀가루, 달걀, 빵가루 순으로 입혀 170℃ 기름에 튀기기
4. 키친타월에 기름기를 제거하여 완성 그릇에 담아 제출

비프스튜 (40분)

1. 양파, 감자, 당근, 셀러리 : 사방 1.8cm 주사위 모양으로 썰어 모서리 다듬기
2. 마늘 다지기
3. 파슬리 : 다지기 - 면포에 싸서 물에 헹구기
4. 소고기 : 사방 2.2cm 주사위 모양 썰기 - 소금, 검은 후춧가루 밑간한 후 밀가루 입히기
5. 팬에 버터 넣고 양파, 감자, 당근, 셀러리 순서로 볶기
6. 팬에 버터 넣고 소고기 노릇하게 굽기
7. 브라운 루 볶기(버터 : 밀가루 = 1 : 1.5) - 토마토 페이스트 넣고 볶기 - 물 3C, 소고기, 채소, 다진 마늘, 월계수 잎, 정향 넣고 끓이기 - 농도 조절 후 소금 후추 넣고 월계수 잎, 정향 건져내기 - 완성 그릇에 담기 - 파슬리챱 올려 제출

살리스버리 스테이크(40분)

1. 양파 : 곱게 다지기
2. 감자 : 5×1×1cm로 썰어 데치기 - 기름에 튀기기 - 소금 뿌리기
3. 당근 : 지름 3~4cm, 두께 0.5cm 썰어 모서리를 다듬어 비쉬 모양 만들기 - 데치기 - 버터, 물, 설탕 넣고 글레이징 하기
4. 시금치 : 데쳐서 헹군 후 수분 제거하여 5cm 길이로 썰기
5. 팬에 버터 넣고 양파 넣어 볶아 일부는 덜어 내고 시금치 볶아 소금으로 간하기
6. 소고기 : 핏물 제거 후 다지기 - 소금, 검은 후춧가루, 볶은 양파, 우유, 빵가루, 달걀물 넣고 치대기 - 0.7cm 두께로 럭비공 모양 만들기 - 웰던으로 굽기
7. 완성 그릇에 당근, 감자, 시금치 담고 소고기 담아 제출

서로인 스테이크(30분)

1. 양파 : 다지기
2. 감자 : 5×1×1cm 썰어 데치기 - 기름에 튀기기 - 소금 뿌리기
3. 당근 : 지름 4cm, 두께 0.5cm - 모서리를 다듬어 비쉬 모양 만들기 - 데치기 - 버터, 물, 설탕 넣고 글레이징 하기
4. 시금치 : 데쳐서 찬물에 헹구어 수분 제거 후 5cm 길이로 썰기
5. 팬에 버터 넣고 양파 볶다가 시금치 넣어 볶아 소금으로 간하기
6. 소고기 : 핏물, 힘줄을 제거하고 연육 - 소금, 검은 후춧가루 밑간
7. 식용유와 버터 넣고 소고기 미디움으로 굽기
8. 완성 그릇에 당근, 감자, 시금치 담고 소고기 담아 제출

바베큐폭찹 (40분)

1. 돼지갈비 : 뼈가 붙은 상태에서 0.7cm 정도의 두께로 포 뜨기 - 연육 하여 소금, 후춧가루로 밑간하기 - 밀가루 입혀 노릇하게 지지기
2. 마늘, 양파, 셀러리 : 다지기
3. 냄비에 버터 넣고 마늘, 양파, 셀러리 볶기
4. 3)에 케첩 2T, 우스터소스 1t, 황설탕 2t, 식초 1t, 핫소스 1t, 레몬즙, 물 2C, 월계수 잎 넣고 끓이기 - 거품 제거 - 돼지갈비 넣고 졸이기
5. 소금, 후춧가루 간하고 월계수 잎 건진 후 완성 그릇에 담아 제출

스파게티 카르보나라 (30분)

1. 면 삶기 : 끓는 물에 소금 1/2T, 식용유 1T, 스파게티면 넣어 7~8분 삶기 - 식용유 코팅
2. 베이컨 : 1cm 넓이로 썰기
3. 파슬리 : 다지기 - 면포에 싸서 물에 헹구기
4. 검은 통후추 : 다지기
5. 리에종 : 생크림 2T, 달걀노른자 섞기
6. 팬에 버터, 올리브오일 넣고 베이컨, 다진 통후추 볶기- 스파게티면 넣고 볶기- 생크림 넣고 볶기- 불 끄기 - 리에종 넣기
7. 완성 그릇에 담기 - 파마산 치즈가루, 파슬리찹을 올려 제출

토마토소스 해산물스파게티 (35분)

1. 모시조개 : 소금물에 해감
2. 양파, 마늘 : 다지기(1/2 나누기)
3. 바질 : 채썰기(1/2 나누기)
4. 파슬리 : 다지기 - 면포에 싸서 물에 헹구기
5. 방울토마토 : 2~4등분하여 썰기
6. 면 삶기 : 끓는 물 - 소금 1/2T, 식용유 1T, 스파게티면 - 7~8분 삶기 - 식용유 코팅
7. 토마토(캔) - 다지기
8. 새우 : 내장, 머리, 껍질 제거하기
9. 관자 : 막 제거 후 0.5cm 편
10. 오징어 : 껍질 제거 - 칼집 - 5×0.8cm
11. 토마토소스 : 팬 - 올리브오일 - 다진 마늘, 다진 양파 - 다진 토마토(캔) - 바질, 소금, 흰 후춧가루
12. 팬 : 올리브오일 - 다진 마늘, 다진 양파 - 해산물, 화이트 와인 - 토마토소스 - 스파게티면 - 방울토마토 - 소금, 흰 후춧가루 - 완성그릇에 담기 - 파슬리찹, 바질 올려 제출

이탈리안미트소스 (30분)

1. 마늘, 양파, 셀러리, 토마토(캔) 다지기
2. 파슬리 : 다져서 면포에 싸서 물에 헹구기
3. 냄비 : 버터 - 마늘, 양파 - 소고기, 셀러리 - 토마토 페이스트 2T, 토마토(캔) - 물 2C, 파슬리 줄기, 월계수잎 - 끓이기 - 불순물 제거 후 소금, 후추 넣기
4. 월계수 잎, 파슬리 줄기 건져 내고 완성 그릇에 담기 - 파슬리찹 올려 제출

홀렌다이즈 소스 (25분)

1. 허브 에센스 : 물 1/2C, 식초 1T, 양파, 레몬, 월계수 잎, 검은 통후추, 파슬리 줄기 - 3T 정도로 졸이기
2. 버터 : 중탕으로 녹여 불순물 제거 - 정제 버터 만들기
3. 달걀노른자, 허브 에센스 1T 잘 섞은 후 정제 버터를 조금씩 넣어 가며 거품기로 한 방향으로 젓기 -레몬즙으로 농도 조절 - 소금, 흰 후춧가루 넣어 완성 그릇에 담아 제출(100ml 이상 제출)

브라운그래비 소스(30분)

1. 브라운 루 볶기(버터 : 밀가루 = 1 : 1.5)
2. 양파, 당근, 셀러리 : 채썰기
3. 팬 : 버터 – 채소 갈색 나게 볶기 – 토마토 페이스트 2T
4. 3.에 브라운 루 – 물 2C, 월계수 잎, 정향 – 끓이기 – 소금, 후추 – 농도조절 – 체에내리기 – 완성그릇에 담아 제출

타르타르소스 (20분)

1. 달걀 : 찬물에 소금 넣고 삶기(15분) –찬물에 식히기 – 흰자는 0.2cm의 크기로 다지고 노른자는 체에 내리기
2. 양파 : 0.2cm 다지기 – 소금물에 담가 수분, 매운맛 제거
3. 오이피클 : 0.2cm 다지기 – 수분 제거
4. 파슬리 : 다지기 – 면포에 싸서 물에 헹구기
5. 달걀흰자, 마요네즈, 양파, 오이피클, 소금, 흰 후춧가루 파슬리챱, 레몬즙, 식초, 달걀노른자 섞은 후 완성 그릇에 담기 – 파슬리챱 올려 제출

합격비법 모의시험

양식조리기능사

1 치즈 오믈렛. 피시 차우더 수프(시험시간 50분)

피시 차우더 수프(30분)	치즈 오믈렛(20분)
요구사항 가. 차우더 수프는 화이트 루(roux)를 이용하여 농도를 맞추시오. 나. 채소는 0.7cm×0.7cm×0.1cm, 생선은 1cm×1cm×1cm 크기로 써시오. 다. 대구살을 이용하여 생선스톡을 만들어 사용하시오. 라. 수프는 200mL 이상 제출하시오.	**요구사항** 가. 치즈는 사방 0.5cm로 자르시오. 나. 치즈가 들어가 있는 것을 알 수 있도록 하고, 익지 않은 달걀이 흐르지 않도록 만드시오. 다. 나무젓가락과 팬을 이용하여 타원형으로 만드시오.

1	냄비에 물 올려 끓이기	
2	1 베이컨 : 데쳐서 사방 0.7×0.7×0.1cm로 썰기	
3	2 냄비에 물 2C, 월계수 잎, 정향, 양파 일부 넣고 끓이기	
4	3 감자, 양파, 셀러리 : 사방 0.7×0.7×0.1cm로 썰어 감자는 찬물에 담그기	
5	생선살 : 사방 1×1cm로 썰기	
6	4 향신채 끓으면 생선 살 익으면 건져 내고 국물 면포에 내려 스톡 만들기	

	피시 차우더 수프(30분)	치즈 오믈렛(20분)
7		1 치즈는 사방 0.5cm 썰기
8		2 3. 달걀 + 생크림 1T + 소금 - 체에 내려 치즈 1/2 섞기
9		3 오믈렛 팬 -식용유와 버터 넣고 달걀 넣어 나무젓가락으로 저어 스크램블
10		4 남은 치즈 넣고 럭비공 모양 만들기 - 완성 접시에 담아 제출
11	5 팬에 버터 넣고 베이컨, 양파, 감자, 셀러리 순서로 볶기	
12	6 버터 1T 밀가루 1.5T를 볶다가 스톡 조금씩 넣어 멍울 없이 끓이기- 우유 1C 넣고 볶은 감자, 양파, 셀러리, 베이컨 넣고 끓이기- 농도 조절 후 생선 살 소금, 흰 후춧가루 넣고 끓이기 - 완성	

조리 순서 point

화이트루는 볶을 때 색이 나지 않도록 주의하고 일찍 하면 농도가 되직해져서 피시 파우더 수프는 내기 직전에 완성한다.

② 프렌치프라이드쉬림프, 이탈리안미트소스(시험시간 55분)

	프렌치프라이드쉬림프(25분)	이탈리안미트소스(30분)
	요구사항 가. 새우는 꼬리 쪽에서 1마디 정도 껍질을 남겨 구부러지지 않게 튀기시오. 나. 달걀흰자를 분리하여 거품을 내어 튀김반죽에 사용하시오. 다. 새우튀김은 4개를 제출하시오. 라. 레몬과 파슬리를 곁들이시오.	**요구사항** 가. 모든 재료는 다져서 사용하시오. 나. 그릇에 담고 파슬리 다진 것을 뿌려내시오. 다. 소스는 150mL 이상 제
1	① 새우 : 내장, 머리, 물총 제거 – 꼬리 한마디 남기고 껍질 제거 – 배 쪽에 칼집을 넣어 손으로 힘줄을 끊어주기 – 소금, 흰 후춧가루	
2		① 마늘, 양파, 셀러리, 토마토(캔) 다지기
3		② 파슬리 : 다져서 면포에 싸서 물에 헹구기
4		③ 냄비에 버터 넣고 마늘, 양파 볶다가 소고기, 셀러리 넣고 볶기
5		④ 3)에 토마토페이스트 2T, 토마토(캔) 넣고 볶기
6		⑤ 4)에 물 2C, 파슬리 줄기, 월계수잎 넣고 끓이기 – 불순물 제거 후 소금, 후추 넣기

	프렌치프라이드쉬림프(25분)	이탈리안미트소스(30분)
7	2 달걀 : 흰자 머랭 치기	
8	3 반죽 : 물 1T, 노른자, 소금 약간, 설탕 1t, 밀가루 3T, 흰자 머랭 2T 넣어 튀김반죽 만들기	
9	4 새우에 밀가루, 튀김반죽 입혀 160℃에 튀기기 - 키친타월에 기름 제거하기	
10		6 월계수 잎 파슬리 줄기 건져 내고 완성 그릇에 담기 - 파슬리 찹 뿌려서 제출
11	5 완성 접시에 새우를 담고 파슬리 부케와 레몬을 곁들여 제출	

조리 순서 point

새우를 손질하고 미트소스를 끓이면서 흰자 머랭치고 반죽하여 튀길 준비 되면 중간에 이탈리안 미트소스 내려놓고 새우 기름에 튀겨 기름 빼고 미트소스를 완성한다.

3 BLT샌드위치, 사우전 아일랜드 드레싱(시험시간 50분)

	BLT샌드위치(30분)	사우전 아일랜드 드레싱(20분)
	요구사항 가. 빵은 구워서 사용하시오. 나. 토마토는 0.5cm 두께로 썰고, 베이컨은 구워서 사용하시오. 다. 완성품은 4조각으로 썰어 전량을 제출하시오.	**요구사항** 가. 드레싱은 핑크빛이 되도록 하시오. 나. 다지는 재료는 0.2cm 크기로 하시오. 다. 드레싱은 농도를 잘 맞추어 100mL 이상 제출하시오.
1	① 양상추 찬물에 담가 놓기	
2		① 찬물에 소금 넣고 삶기(15분) —찬물에 식히기
3	② 토마토 : 0.5cm 두께 썰가 소금, 검은 후춧가루 뿌려 수분 제거하기	
4	③ 베이컨 : 팬에 구워 키친타월에 기름기 제거하기	
5	④ 식빵 : 토스트하기 – 식혀서 마요네즈 바르기	
6	⑤ 식빵과 재료들을 이용하여 샌드위치를 만들기	
7		② 흰자는 0.2cm의 크기로 다지고 노른자는 체에 내리기
8		③ 양파 : 0.2cm 다져서 소금물에 담가 수분, 매운맛 제거하기
9		④ 피망, 오이피클 : 0.2cm 다지기 – 수분 제거하기
10		⑤ 달걀흰자, 마요네즈, 케첩, 양파, 오이피클, 소금, 흰 후춧가루, 파슬리찹, 레몬즙, 식초, 달걀노른자 섞은 후 완성 그릇에 담아 제출
11	⑥ 식빵 가장자리 자르고 ×자로 4등분하여 완성 접시에 담아 제출	

조리 순서 point

1. 샌드위치를 미리 만들어 가볍게 눌러 놓으면 썰 때 덜 밀린다.

4 스파게티 카르보나라, 홀렌다이즈소스 (시험시간 55분)

	스파게티 카르보나라(30분)	홀렌다이즈소스(25분)
	요구사항 가. 스파게티 면은 al dente(알 덴테)로 삶아서 사용하시오. 나. 파슬리는 다지고 통후추는 곱게 으깨서 사용하시오. 다. 베이컨은 1cm 정도 크기로 썰어, 으깬 통후추와 볶아서 향이 잘 우러나게 하시오. 라. 생크림은 달걀노른자를 이용한 리에종(liaison)과 소스에 사용하시오	**요구사항** 가. 양파, 식초를 이용하여 허브에센스(herb essence)를 만들어 사용하시오. 나. 정제 버터를 만들어 사용하시오. 다. 소스는 중탕으로 만들어 굳지 않게 그릇에 담아내시오. 라. 소스는 100mL 이상 제출하시오
1	파슬리 물에 담그기	
		1 허브 에센스 : 물 1/2C, 식초 1T, 양파, 레몬, 월계수 잎, 검은 통후추, 파슬리 줄기 – 3T 정도로 졸이기
2		**2** 버터 : 중탕으로 녹여 불순물 제거 – 정제 버터 만들기
3	**1** 면 삶기 : 끓는 물에 소금 1/2T, 식용유 1T, 스파게티면 넣어 7~8분 삶기 – 식용유 코팅	
4	**2** 베이컨 : 1cm 넓이로 썰기	
5	**3** 파슬리 : 다지기 – 면포에 싸서 물에 헹구기	
6	**4** 검은 통후추 : 다지기	

	스파게티 카르보나라(30분)	홀렌다이즈소스(25분)
7	5 리에종 : 생크림 2T, 달걀노른자 섞기	
8		3 달걀노른자, 허브 에센스 1T 잘 섞은 후 정제 버터를 조금씩 넣어 가며 거품기로 한 방향으로 젓기 - 레몬즙으로 농도 조절 - 소금, 흰 후춧가루 넣어 완성 그릇에 담아 제출(100ml 이상 제출)
9	6 팬에 버터 올리브오일 넣고 베이컨 다진 통후추 볶가 - 스파게티 면 넣고 볶가 생크림 넣고 볶가 불 끄기 - 리에종 넣기	
10	7 완성 접시에 담기 - 파마산 치즈가루, 파슬리 찹을 올려 제출	

조리 순서 point

1. 허브 에센스 만들어 놓고 버터 중탕으로 녹여 식혀 놓은 후 스파게티면 삶을 물 올려놓고 스파게티 재료 준비한다.
2. 홀렌다이즈 소스를 너무 일찍 만들면 단단해지므로 중간에 만들어 놓고 스파게티 완성한다.

5 살리스버리 스테이크, 월도프 샐러드(시험시간 55분)

	살리스버리 스테이크(35분)	월도프 샐러드(20분)
	요구사항 가. 살리스버리 스테이크는 타원형으로 만들어 고기 앞 뒤의 색을 갈색으로 구우시오. 나. 더운 채소(당근, 감자, 시금치)를 각각 모양 있게 만들어 곁들여 내시오.	**요구사항** 가. 사과, 셀러리, 호두알을 1cm의 크기로 써시오. 나. 사과의 껍질을 벗겨 변색되지 않게 하고, 호두알의 속껍질을 벗겨 사용하시오. 다. 상추 위에 월도프샐러드를 담아내시오.
1	양상추 찬물에 담그기	1 호두 : 끓는 물에 불려 이쑤시개로 속껍질을 제거 – 1cm의 주사위 모양 썰고 자투리는 다지기
2	1 양파 : 곱게 다지기	
3	2 감자 : 5×1×1cm로 썰어 데치기 – 기름에 튀기기 – 소금 뿌리기	
4	3 당근 : 지름 3~4cm, 두께 0.5cm 썰어 모서리를 다듬어 비쉬 모양 만들기 – 데치기 – 버터, 물, 설탕 넣고 글레이징하기	
5	4 시금치 : 데쳐서 헹군 후 수분 제거하여 5cm 길이로 썰기	
6	5 팬에 버터 넣고 양파 넣어 볶아 일부는 덜어 내고 시금치 볶아 소금으로 간하기	

	살리스버리 스테이크(35분)	월도프 샐러드(20분)
7	**6** 소고기 : 핏물 제거 후 다지기 – 소금, 검은 후춧가루, 볶은 양파, 우유, 빵가루, 달걀물 넣고 치대기 – 0.7cm 두께로 럭비공 모양 만들기 – 웰던으로 굽기	
8		**2** 사과 : 사방 1cm의 주사위 모양 썰가 레몬즙 물에 담그기 **3** 셀러리 – 사방 1cm의 주사위 모양 썰기
9		**4** 사과, 셀러리, 호두, 마요네즈, 레몬즙, 소금, 흰 후춧가루 섞어 버무리기 – 양상추를 깐 완성 접시에 담고 다진 호두 얹어 제출
	7 완성 접시에 당근, 감자, 시금치 담고 소고기 담아 제출	

조리 순서 point

1. 스테이크 굽는 동안 사과와 셀러리 손질하여 시간을 단축한다.
2. 샐러드는 제출하기 직전에 버무려야 완성도가 좋다.

2024년 양식조리기능사 서울 상시 시험장 기출문제

양식 10/4

♣ 1교시 (1부 오전 08시 30분) – 쉬림프까나페, 타르타르소스
♣ 2교시 (2부 오전 10시 00분) – BLT샌드위치, 월도프샐러드,
♣ 3교시 (4부 오후 12시 30분) – 치즈오믈렛, 피시차우더수프
♣ 4교시 (6부 오후 02시 00분) – 스파게티까르보나라, 사우전아일랜드드레싱

양식 10/2

♣ 1교시 (1부 오전 08시 30분) – 미네스트로니수프, 월도프샐러드
♣ 2교시 (2부 오전 10시 00분) – 브라운스톡, 쉬림프까나페
♣ 3교시 (4부 오후 12시 30분) – 치킨알라킹, 홀렌다이즈소스
♣ 4교시 (6부 오후 02시 00분) – 쉬림프까나페, 포테이토크림수프

양식 9/6

♣ 1교시 (1부 오전 08시 30분) – 쉬림프카나페, 타르타르소스
♣ 2교시 (2부 오전 10시 00분) – 스파게틱카르보나라, 사우전아일랜드레싱
♣ 3교시 (4부 오후 12시 30분) – 치킨알라킹, 타르타르소스
♣ 4교시 (6부 오후 02시 00분) – 치즈오믈렛, 프렌치어니언수프

양식 8/25

♣ 1교시 (1부 오전 08시 30분) – 프렌치어니언수프, 사우전아일랜드레싱
♣ 2교시 (2부 오전 10시 00분) – BLT샌드위치, 월도프샐러드

양식 8/22

♣ 1교시 (1부 오전 08시 30분) – 쉬림프카나페, 월도프샐러드
♣ 2교시 (2부 오전 10시 00분) – 서로인스테이크, 타르타르소스
♣ 3교시 (4부 오후 12시 30분) – 스파게티카르보나라, 홀렌다이즈소스
♣ 4교시 (6부 오후 02시 00분) – 프렌치프라이드쉬림프, 이탈리안미트소스

양식 8/17

♣ 1교시 (1부 오전 08시 30분) – 스파게티카르보나라, 월도프샐러드
♣ 2교시 (2부 오전 10시 00분) – 프렌치프라이드쉬림프, 이탈리안미트소스

양식 8/16

♣ 1교시 (1부 오전 08시 30분) – 치즈오믈렛, 이탈리안미트소스
♣ 2교시 (2부 오전 10시 00분) – 치킨커틀렛, 홀렌다이즈소스
♣ 3교시 (4부 오후 12시 30분) – 프렌치프라이드쉬림프, 서로인스테이크
♣ 4교시 (6부 오후 02시 00분) – 포테이토수프, 쉬림프카나페

2024년 양식조리기능사 서울 상시 시험장 기출문제

양식 7/26
♣ 1 교시 (1부 오전 08시 30분) - 프렌치어니언수프, 월도프샐러드
♣ 2 교시 (2부 오전 10시 00분) - 햄버거샌드위치, 홀렌다이즈소스

양식 7/25
♣ 1 교시 (1부 오전 08시 30분) - 쉬림프카나페, 월도프샐러드
♣ 2 교시 (2부 오전 10시 00분) - 서로인스테이크, 타르타르소스
♣ 3 교시 (4부 오후 12시 30분) - 치즈오믈렛, 피시차우더수프
♣ 4 교시 (6부 오후 02시 00분) - 프렌치프라이드쉬림프, 브라운스톡

양식 7/4
♣ 1 교시 (1부 오전 08시 30분) - 햄버거샌드위치, 홀렌다이즈소스
♣ 2 교시 (2부 오전 10시 00분) - 서로인스테이크, 월도프샐러드

양식 7/3
♣ 1 교시 (1부 오전 08시 30분) - 스파게티카르보나라, 사우전아일랜드드레싱
♣ 2 교시 (2부 오전 10시 00분) - 프렌치프라이드쉬림프, 이탈리안미트소스
♣ 3 교시 (4부 오후 12시 30분) - 치킨알라킹, 치즈오믈렛
♣ 4 교시 (6부 오후 02시 00분) - 쉬림프카나페, 타르타르소스

양식 6/17
♣ 1 교시 (1부 오전 08시 30분) - 브라운스톡, 월도프샐러드
♣ 2 교시 (2부 오전 10시 00분) - 치킨커틀렛, 홀렌다이즈소스
♣ 3 교시 (4부 오후 12시 30분) - 치즈오믈렛, 브라운그래비소스
♣ 4 교시 (6부 오후 02시 00분) - 해산물스파게티, 사우전아일랜드

양식 6/16
♣ 3 교시 (4부 오후 12시 30분) - 시저샐러드, 타르타르소스
♣ 4 교시 (6부 오후 02시 00분) - 포테이토크림수프, 쉬림프카나페

양식 5/25
♣ 1 교시 (1부 오전 08시 30분) - 토마토해산물스파게티, 사우전아일랜드레싱
♣ 2 교시 (2부 오전 10시 00분) - BLT샌드위치, 홀렌다이즈소스

양식조리기능사

2024년 양식조리기능사 서울 상시 시험장 기출문제

양식 5/24

♣ 1교시 (1부 오전 08시 30분) -쉬림프카나페, 타르타르소스
♣ 2교시 (2부 오전 10시 00분) -치킨알라킹, 포테이토샐러드
♣ 3교시 (4부 오후 12시 30분) -서로인스테이크, 타르타르소스
♣ 4교시 (6부 오후 02시 00분) -치즈오믈렛, 프렌치어니언수프

양식 5/13

♣ 1교시 (1부 오전 08시 30분) -치즈오믈렛, 피시차우더수프
♣ 2교시 (2부 오전 10시 00분) -스페니쉬오믈렛, 홀렌다이즈소스
♣ 3교시 (4부 오후 12시 30분) -프렌치프라이드쉬림프, 스파게티카르보나라
♣ 4교시 (6부 오후 02시 00분) -비프스튜, 월도프샐러드

양식 4/24

♣ 1교시 (1부 오전 08시 30분) -치킨알라킹, 타르타르소스
♣ 2교시 (2부 오전 10시 00분) -쉬림프카나페, 포테이토수프,
♣ 3교시 (4부 오후 12시 30분) -햄버거샌드위치, 홀렌다이즈소스
♣ 4교시 (6부 오후 02시 00분) -프렌치프라이드쉬림프, 이탈리안미트소스

양식 4/23

♣ 1교시 (1부 오전 08시 30분) -치즈오믈렛, 브라운스톡
♣ 2교시(2부 오전 10시 00분) -BLT샌드위치, 해산물샐러드
♣ 3교시 (4부 오후 12시 30분) -스파게티카르보나라, 타르타르소스
♣ 4교시 (6부 오후 02시 00분) -비프콘소메수프, 월도프샐러드

양식 4/9

♣ 1교시 (1부 오전 08시 30분) -월도프샐러드, 브라운그래비소스
♣ 2교시 (2부 오전 10시 00분) -햄버거샌드위치, 홀렌다이즈소스
♣ 3교시 (4부 오후 12시 30분) -
♣ 4교시 (6부 오후 02시 00분) -해산물스파게티, 사우전아일랜드드레싱

2024년 양식조리기능사 서울 상시 시험장 기출문제

양식 4/8

- ♣ 1교시 (1부 오전 08시 30분) - 프렌치프라이드쉬림프, 브라운그래비소스
- ♣ 2교시 (2부 오전 10시 00분) - 홀렌다이즈소스, 포테이토샐러드
- ♣ 3교시 (4부 오후 12시 30분) - 서로인스테이크, 타르타르소스
- ♣ 4교시 (6부 오후 02시 00분) - 프렌치어니언수프, 치킨커틀렛

양식 3/23

- ♣ 1교시 (1부 오전 08시 30분) - 월도프샐러드, 미네스트로니수프
- ♣ 2교시 (2부 오전 10시 00분) - 비프콘소메수프, 월도프샐러드
- ♣ 3교시 (4부 오후 12시 30분) - 피시차우더수프, 치즈오믈렛
- ♣ 4교시 (6부 오후 02시 00분) - 살리스버리스테이크, 사우전아일랜드드레싱

양식 3/10

- ♣ 1교시 (1부 오전 08시 30분) - 월도프샐러드, 해산물토마토스파게티
- ♣ 2교시 (2부 오전 10시 00분) - 스페니쉬오믈렛, 프렌치프라이드쉬림프
- ♣ 3교시 (4부 오후 12시 30분) - 서로인스테이크, 사우전아일랜드드레싱
- ♣ 4교시 (6부 오후 02시 00분) - 포테이토수프, 프렌치프라이드쉬림프

양식 3/8

- ♣ 1교시 (1부 오전 08시 30분) - 치즈오믈렛, 프렌치어니언수프
- ♣ 2교시 (2부 오전 10시 00분) - 프렌치프라이드쉬림프, 브라운스톡
- ♣ 3교시 (4부 오후 12시 30분) - 햄버거샌드위치, 사우전아일랜드드레싱
- ♣ 4교시 (6부 오후 02시 00분) - 치킨알라킹, 홀렌다이즈소스

양식 2/29

- ♣ 1교시 (1부 오전 08시 30분) - 스파게티카르보나라, 사우전아일랜드드레싱
- ♣ 2교시 (2부 오전 10시 00분) - 치즈오믈렛, 이탈리안미트소스

2024년 양식조리기능사 서울 상시 시험장 기출문제

양식 2/28

- ♣ 1교시 (1부 오전 08시 30분) - 쉬림프까나페, 타르타르소스
- ♣ 2교시 (2부 오전 10시 00분) - 치킨커틀렛, 홀렌다이즈소스
- ♣ 3교시 (4부 오후 12시 30분) - 프렌치프라이드쉬림프, 이탈리안미트소스
- ♣ 4교시 (6부 오후 02시 00분) - 해산물스파게티, 월도프샐러드

양식 2/5

- ♣ 1교시 (1부 오전 08시 30분) - 스페니쉬오믈렛, 홀렌다이즈소스
- ♣ 2교시 (2부 오전 10시 00분) - 비프스튜, 월도프샐러드
- ♣ 3교시 (4부 오후 12시 30분) - 시저샐러드, 타르타르소스
- ♣ 4교시 (6부 오후 02시 00분) - 프렌치프라이드쉬림프, BLT샌드위치

양식 2/4

- ♣ 1교시 (1부 오전 08시 30분) - 치즈오믈렛, 피시차우더수프
- ♣ 2교시 (2부 오전 10시 00분) - 프렌치프라이드쉬림프, 스파게티카르보나라
- ♣ 3교시 (4부 오후 12시 30분) - 서로인스테이크, 타르타르소스
- ♣ 4교시 (6부 오후 02시 00분) - 사우전아일랜드드레싱, 토마토해산물스파게티

양식 1/20

- ♣ 1교시 (1부 오전 08시 30분) - 스페니쉬오믈렛, 홀렌다이즈소스
- ♣ 2교시 (2부 오전 10시 00분) - 치즈오믈렛, 피시차우더수프

양식 1/19

- ♣ 1교시 (1부 오전 08시 30분) - 월도프샐러드, 치킨커틀렛
- ♣ 2교시 (2부 오전 10시 00분) - 해산물스파게티, 타르타르소스
- ♣ 3교시 (4부 오후 12시 30분) - 치즈오믈렛, 치킨알라킹
- ♣ 4교시 (6부 오후 02시 00분) - 프렌치프라이드쉬림프, BLT샌드위치

2023년 양식조리기능사 서울 상시 시험장 기출문제

양식 12/19

♣ 1교시 (1부 오전 08시 30분) - BLT샌드위치, 사우전아일랜드드레싱
♣ 2교시 (2부 오전 10시 00분) - 스페니쉬오믈렛, 홀렌다이즈소스
♣ 3교시 (4부 오후 12시 30분) - 프렌치프라이드쉬림프, 스파게티카르보나라
♣ 4교시 (6부 오후 02시 00분) - 토마토해산물스파게티, 월도프샐러드

양식 12/18

♣ 3교시 (4부 오후 12시 30분) - 프렌치프라이드쉬림프, 서로인스테이크
♣ 4교시 (6부 오후 02시 00분) - 치킨커틀렛, 프렌치프라이드쉬림프

양식 12/16

♣ 1교시 (1부 오전 08시 30분) - BLT샌드위치, 사우전아일랜드드레싱
♣ 2교시 (2부 오전 10시 00분) - 비프스튜, 쉬림프카나페

양식 12/15

♣ 1교시 (1부 오전 08시 30분) - 스페니쉬오믈렛, 홀렌다이즈소스
♣ 2교시 (2부 오전 10시 00분) - 치즈오믈렛, 치킨커틀렛
♣ 3교시 (4부 오후 12시 30분) - 시저샐러드, 타르타르소스
♣ 4교시 (6부 오후 02시 00분) - 프렌치프라이드쉬림프, 월도프샐러드

양식 11/27

♣ 1교시 (1부 오전 08시 30분) - 프렌치프라이드쉬림프, 브라운스톡
♣ 2교시 (2부 오전 10시 00분) - 햄버거샌드위치, 홀렌다이즈소스
♣ 3교시 (4부 오후 12시 30분) - 스파게티까르보나라, 사우전아일랜드레싱
♣ 4교시 (6부 오후 02시 00분) - 포테이토수프, 월도프샐러드

2023년 양식조리기능사 서울 상시 시험장 기출문제

양식 11/26

- 1 교시 (1부 오전 08시 30분) - 치즈오믈렛, 이탈리안미트소스
- 2 교시 (2부 오전 10시 00분) - 프렌치프라이드쉬림프, 홀렌다이즈소스
- 3 교시 (4부 오후 12시 30분) - 서로인스테이크, 월드프샐러드
- 4 교시 (6부 오후 02시 00분) - BLT샌드위치, 치킨알라킹

양식 11/15

- 1 교시 (1부 오전 08시 30분) - 햄버거샌드위치, 사우전아일랜드레싱
- 2 교시 (2부 오전 10시 00분) - 치즈오믈렛, 피시차우더수프
- 3 교시 (4부 오후 12시 30분) - 치킨커틀렛, 월도프샐러드
- 4 교시 (6부 오후 02시 00분) - 치즈오믈렛, 프렌치어니언수프

양식 11/14

- 1 교시 (1부 오전 08시 30분) - 프렌치프라이드쉬림프, 월도프샐러드
- 2 교시 (2부 오전 10시 00분) - 서로인스테이크, 홀렌다이즈소스
- 3 교시 (4부 오후 12시 30분) - 치즈오믈렛, 치킨알라킹
- 4 교시 (6부 오후 02시 00분) - 프렌치프라이드쉬림프, BLT샌드위치

양식 10/27

- 1 교시 (1부 오전 08시 30분) - 치즈오믈렛, 피시차우더수프
- 2 교시 (2부 오전 10시 00분) - 서로인스테이크, 월도프샐러드
- 3 교시 (4부 오후 12시 30분) - 쉬림프카나페, 타르타르소스
- 4 교시 (6부 오후 02시 00분) - 해산물스파게티, 사우전아일랜드드레싱

양식 10/17

- 1 교시 (1부 오전 08시 30분) - 홀렌다이즈소스, 포테이토샐러드
- 2 교시 (2부 오전 10시 00분) - 치즈오믈렛, 비프콘소메수프
- 3 교시 (4부 오후 12시 30분) - 햄버거샌드위치, 월도프샐러드
- 4 교시 (6부 오후 02시 00분) - 포테이토수프, 쉬림프카나페

2023년 양식조리기능사 서울 상시 시험장 기출문제

양식 10/6

♣ 1교시 (1부 오전 08시 30분) - BLT샌드위치, 사우전아일랜드드레싱
♣ 2교시 (2부 오전 10시 00분) - 해산물스파게티, 타르타르소스

양식 10/5

♣ 1교시 (1부 오전 08시 30분) - 비프콘소메수프, 월도프샐러드
♣ 2교시 (2부 오전 10시 00분) - 치킨커틀렛, 홀렌다이즈소스
♣ 3교시 (4부 오후 12시 30분) - 프렌치프라이드쉬림프, 이탈리안미트소스
♣ 4교시 (6부 오후 02시 00분) - 쉬림프까나페, 타르타르소스

양식 9/14

♣ 1교시 (1부 오전 08시 30분) - 시저샐러드, 사우전아일랜드드레싱
♣ 2교시 (2부 오전 10시 00분) - 살리스버리스테이크, 타르타르소스

양식 9/13

♣ 1교시 (1부 오전 08시 30분) - 프렌치프라이드쉬림프, 이탈리안미트소스
♣ 2교시 (2부 오전 10시 00분) - 스파게티카르보나라, 월도프샐러드
♣ 3교시 (4부 오후 12시 30분) - 치즈오믈렛, 브라운그래비소스
♣ 4교시 (6부 오후 02시 00분) - 치킨알라킹, 홀렌다이즈소스

양식 9/2

♣ 1교시 (1부 오전 08시 30분) - 스페니쉬오믈렛, 프렌치프라이드쉬림프
♣ 2교시 (2부 오전 10시 00분) - 홀렌다이즈소스, 햄버거샌드위치
♣ 3교시 (4부 오후 12시 30분) - 프렌치프라이드쉬림프, 이탈리안미트소스
♣ 4교시 (6부 오후 02시 00분) - 해산물스파게티, 월도프샐러드

양식 8/11

♣ 1교시 (1부 오전 08시 30분) - 브라운스톡, 사우전아일랜드레싱
♣ 2교시 (2부 오전 10시 00분) - 프렌치프라이드쉬림프, 포테이토수프
♣ 3교시 (4부 오후 12시 30분) - 치킨커틀렛, 월도프샐러드
♣ 4교시 (6부 오후 02시 00분) - 프렌치프라이드쉬림프, BLT샌드위치

2023년 양식조리기능사 서울 상시 시험장 기출문제

양식 7/29

♣ 1교시 (1부 오전 08시 30분) - 치킨알라킹, 타르타르소스
♣ 2교시 (2부 오전 10시 00분) - 시저샐러드, 치즈오믈렛
♣ 3교시 (4부 오후 12시 30분) - 서로인스테이크, 타르타르소스
♣ 4교시 (6부 오후 02시 00분) - 프렌치프라이드쉬림프, 쉬림프까나페

양식 7/20

♣ 1교시 (1부 오전 08시 30분) - 치킨커틀렛, 월도프샐러드
♣ 2교시 (2부 오전 10시 00분) - 서로인스테이크, 홀렌다이즈소스

양식 7/19

♣ 1교시 (1부 오전 08시 30분) - 치즈오믈렛, 프렌치어니언수프
♣ 2교시 (2부 오전 10시 00분) - 비프스튜, 월도프샐러드
♣ 3교시 (4부 오후 12시 30분) - 브라운그래비소스, 프렌치프라이드쉬림프,
♣ 4교시 (6부 오후 02시 00분) - 해산물스파게티, 사우전아일랜드드레싱

양식 6/30

♣ 1교시 (1부 오전 08시 30분) - 스파게티카보나라, 사우전아일랜드드레싱
♣ 2교시 (2부 오전 10시 00분) - 햄버거샌드위치, 홀렌다이즈소스

양식 6/29

♣ 1교시 (1부 오전 08시 30분) - BLT 샌드위치, 홀렌다이즈소스
♣ 2교시 (2부 오전 10시 00분) - 치킨커틀렛, 타르타르소스
♣ 3교시 (4부 오후 12시 30분) - 치즈오믈렛, 피시차우더수프
♣ 4교시 (6부 오후 02시 00분) - 프렌치프라이드쉬림프, 이탈리안미트소스

양식 6/19

♣ 1교시 (1부 오전 08시 30분) - 치즈으믈렛, 이탈리안미트소스
♣ 2교시 (2부 오전 10시 00분) - 서로인스테이크, 타르타르소스
♣ 3교시 (4부 오후 12시 30분) - 홀렌다이즈소스 햄버거샌드위치
♣ 4교시 (6부 오후 02시 00분) - 살리스버리스테이크, 사우전아일랜드레싱

2023년 양식조리기능사 서울 상시 시험장 기출문제

양식 6/14

♣ 1교시 (1부 오전 08시 30분) - 해산물스파게티, 사우전아일랜드드레싱
♣ 2교시 (2부 오전 10시 00분) - 스파게티카르보나라, 프렌치프라이드쉬림프
♣ 3교시 (4부 오후 12시 30분) - 치즈오믈렛, 치킨알라킹
♣ 4교시 (6부 오후 02시 00분) - 비프스튜, 월도프샐러드

양식 5/27

♣ 1교시 (1부 오전 08시 30분) - 쉬림프카나페, 타르타르소스
♣ 2교시 (2부 오전 10시 00분) - 프렌치어니언수프, 포테이토샐러드

양식 5/26

♣ 1교시 (1부 오전 08시 30분) - 치킨알라킹, 사우전아일랜드드레싱
♣ 2교시 (2부 오전 10시 00분) - 비프콘소메수프, 월도프샐러드
♣ 3교시 (4부 오후 12시 30분) - 스파게티카르보나라, 쉬림프카나페
♣ 4교시 (6부 오후 02시 00분) - 치즈오믈렛, 브라운그래비소스

양식 5/12

♣ 1교시 (1부 오전 08시 30분) - 햄버거샌드위치, 사우전아일랜드드레싱
♣ 2교시 (2부 오전 10시 00분) - 쉬림프카나페, 포테이토수프

양식 5/11

♣ 1교시 (1부 오전 08시 30분) - 홀렌다이즈소스, 스파게티카르보나라
♣ 2교시 (2부 오전 10시 00분) - 살리스버리스테이크, 월도프샐러드
♣ 3교시 (4부 오후 12시 30분) - 서로인스테이크, 타르타르소스
♣ 4교시 (6부 오후 02시 00분) - 치킨커틀렛, 포테이토샐러드

2023년 양식조리기능사 서울 상시 시험장 기출문제

양식 4/18

1교시(1부 오전 08시 30분) 월도프 샐러드(20분)/ 프렌치 어니언 수프(30분)
2교시(2부 오전 10시 00분) 스페니쉬 오믈렛(30분)/ 홀렌다이즈 소스(25분)
3교시(4부 오후 12시 30분) 치즈 오믈렛(20분)/ 포테이토 크림 수프(30분)
4교시(6부 오후 02시 00분) 프렌치 프라이드 쉬림프(25분)/ 해산물 샐러드(30분)

양식 4/10

1교시(1부 오전 08시 30분) BLT 샌드위치(30분)/ 사우전 아일랜드 드레싱(20분)
2교시(2부 오전 10시 00분) 비프스튜(35분)/ 월도프 샐러드(20분)
3교시(4부 오후 12시 30분) 프렌치 프라이드 쉬림프(25분)/ 이탈리안 미트 소스(30분)
4교시(6부 오후 02시 00분) 치킨 커트렛(30분)/ 브라운 스톡(30분)

양식 3/26

1교시(1부 오전 08시 30분) 월도프 샐러드(20분)/ 브라운 그래비 소스(30분)
2교시(2부 오전 10시 00분) 홀렌다이즈 소스(25분)/ 햄버거 샌드위치(30분)
3교시(4부 오후 12시 30분) 치즈 오믈렛(20분)/ 피시차우더 수프(30분)
4교시(6부 오후 02시 00분) 프렌치 프라이드 쉬림프(25분)/ 브라운 스톡(30분)

양식 3/9

1교시(1부 오전 08시 30분) 치킨 알라킹(30분)/ 홀렌다이즈 소스(25분)
2교시(2부 오전 10시 00분) 살리스버리 스테이크(40분)/ 월도프 샐러드(20분)
3교시(4부 오후 12시 30분) 스페니쉬 오믈렛(30분)/ 사우전 아일랜드 드레싱(20분)
4교시(6부 오후 02시 00분) 쉬림프 카나페(30분)/ 타르타르 소스(20분)

양식 2/23

1교시(1부 오전 08시 30분) BLT 샌드위치(30분)/ 사우전 아일랜드 드레싱(20분)
2교시(2부 오전 10시 00분) 프렌치 프라이드 쉬림프(25분)/ 포테이토 샐러드(30분)
3교시(4부 오후 12시 30분) 치즈 오믈렛(20분)/ 피시차우더 수프(30분)
4교시(6부 오후 02시 00분) 토마토소스 해산물 스파게티(35분)/ 서로인 스테이크(30분)

2023년 양식조리기능사 서울 상시 시험장 기출문제

양식 2/22

1교시(1부 오전 08시 30분) 스파게티 카르보나라(35분)/ 홀렌다이즈 소스(25분)
2교시(2부 오전 10시 00분) 스페니쉬 오믈렛(30분)/ 홀렌다이즈 소스(25분)
3교시(4부 오후 12시 30분) 프렌치 프라이드 쉬림프(25분)/ 이탈리안 미트 소스(30분)
4교시(6부 오후 02시 00분) 시저샐러드(35분)/ 햄버거 샌드위치(30분)

양식 2/5

1교시(1부 오전 08시 30분) 브라운 그래비 소스(30분)/ 월도프 샐러드(20분)
2교시(2부 오전 10시 00분) 치즈 오믈렛(20분)/ 비프 콘소메(40분)
오후는 일식기능사 시험

양식 2/3

1교시(1부 오전 08시 30분) 치즈 오믈렛(20분)/ 피시차우더 수프(30분)
2교시(2부 오전 10시 00분) 치킨 알라킹(30분)/ 홀렌다이즈 소스(25분)
3교시(4부 오후 12시 30분) 프렌치 프라이드 쉬림프(25분)/ 포테이토 샐러드(30분)
4교시(6부 오후 02시 00분) 살리스버리 스테이크(40분)/ 사우전 아일랜드 드레싱(20분)

양식 1/19

1교시(1부 오전 08시 30분) 스파게티 카르보나라(35분)/ 홀렌다이즈 소스(25분)
2교시(2부 오전 10시 00분) 프렌치 프라이드 쉬림프(25분)/ 월도프 샐러드(20분)
오후는 일식기능사 시험

양식 1/18

1교시(1부 오전 08시 30분) 브라운 스톡(30분)/ 월도프 샐러드(20분)
2교시(2부 오전 10시 00분) 시저샐러드(35분)/ 사우전 아일랜드 드레싱(20분)
3교시(4부 오후 12시 30분) 프렌치 프라이드 쉬림프(25분)/ 브라운 스톡(30분)
4교시(6부 오후 02시 00분) 쉬림프 카나페(30분)/ 타르타르 소스(20분)

저자 프로필 ①

· 임인숙 ·

조리과학 석사
한국음식명인 (사)글로벌 K-푸드협회 전통 한식
한식대가 (사)대한민국 한식 포럼

자격증
조리기능장 외 다수

경 력
현 : 중부여성 발전센터 조리과 강사
현 : 조리기능장, 조리산업기사 시험감독위원
현 : 한식, 양식, 중식, 일식, 복어 조리기능사 시험감독위원
현 : 떡제조기능사 시험 감독위원
현 : 조리기능장 한식 메뉴 139가지 인터넷 강의(경록쿡)
현 : 조리기능장 중식 메뉴 60가지 인터넷 강의(경록쿡)
현 : 조리기능장 복어 메뉴 8가지 인터넷 강의(경록쿡)
현 : 한식조리산업기사 메뉴 120가지 인터넷 강의(경록쿡)
전 : 백석문화대학 외래교수
전 : 성신여자대학 외래교수
SBS, KBS, EBS 방송 다수 출연

수상이력
2017년 국회의장상
2018년 농림축산식품부장관상 외 다수

저 서
조리기능장 한식 실기(경록)
한국전통음식의맛(경록)
한식, 양식, 중식, (일식, 복어) 기능사 실기, 필기 각각 1권(경록)
한식조리산업기사 실기(경록)
떡제조기능사 필기, 실기(경록)
(양식, 중식, 일식 복어) 조리 산업기사(경록)
천연조미료와 스마트 저염식으로 만드는 어린이 식단(크라운출판사)
한식, 양식, (중식, 일식, 복어) 기능사 실기, 필기, 문제집 각각 1권(한국고시회 출판사)

· 이경주 ·

경기대학교 일반대학원 외식조리관리학 석사

자격증
조리기능장
조리산업기사(한식)
조리기능사(한식, 양식, 중식, 일식, 복어)
커피바리스타1급
커피핸드드립전문가1급
커피감정평가사1급
로스팅마스터1급
와인소믈리에1급
아동요리지도사1급
티소믈리에1급

경 력
현 : 목동 중앙요리학원 원장
현 : 한국조리협회 상임이사
전 : 국제조리사관집업전문학교 교무부장
전 : 토마토요리학원 부원장
전 : 부천조리제과제빵직업전문학교 전임교사
전 : 한국요리학원 전임강사
코리아 월드푸드챔피언십 심사위원
국제요리&제과경연대회 심사위원

수상이력
2019 한국조리사협회중앙회 우수지도자상
2019, 2020 대구시장상
2019, 2021 국회의원상
국제요리&제과경연대회 라이브 금상
월드푸드챔피언십 금상 외 다수

저 서
양식조리기능사 실기(경록)
중식조리기능사 실기(경록)
일식복어조리기능사 실기(경록)
양식, 중식, 일식, 복어 조리산업기사 실기(경록)
한식조리기능사 필기(크라운출판사)

저자 프로필 ②

• 정문석 •

경기대학교 관광전문대학원 박사 과정 중

자격증
조리기능장 외 다수

경 력
현 : 사조화참치 대표
현 : 한국호텔관광전문학교 일식 조리 강의

수상이력
2016년 대통령상 외 다수

저 서
한국인의 맛(지구문화사)
한국전통음식(백산출판사)
양식조리산업기사&양식조리기능사(백산출판사) 외 다수
참치 해동 특허 3개 보유

• 김창현 •

한국관광대학교 교수

자격증
조리기능장 외 다수

경 력
현 : (사)한국조리협회 이사
전 : HANWHAHOTEL&RESORT.co 조리팀

수상이력
서울세계음식박람회 서울시장상

사진 촬영   강혜정

MEMO

MEMO

시험장에서 눈을 의심할 만큼, 진가를 합격으로 확인하세요

정가 20,000원

경록 새 양식조리기능사  실기

발 행	2025년 1월 10일
인 쇄	2024년 11월 29일
EBS	2019년 ~ 2020년 경록 교재
저 자	임인숙·이경주·정문석·김창현
발 행 자	이 성 태 / 李 星 兌
발 행 처	경록 / 景鹿
주 소	서울시 강남구 영동대로 114길 7 (삼성동 91-24) 경록메인홀
문 의	02)3453-3993 / 02)3453-3546
홈페이지	www.kyungrok.com
팩 스	02)556-7008
등 록	제16-496호
I S B N	979-11-93559-90-1 13590

개정법령 및 정오사항 등은 경록 홈페이지에서 서비스됩니다.

대표전화 1544-3589

이 책의 무단전재·복제를 금함

이 책은 저작권법에 의해 저작권이 보호됩니다. 무단전재 및 복제행위는 이 법 제136조에 의해 5년 이하의 징역 또는 5,000만원 이하의 벌금에 처하거나 병과(倂科)할 수 있습니다.

대한민국필독서!!

저자협의인지생략